U1076891

高职高专“十三五”规划教材

KUAIJI JIBEN JINENG SHIXUN

会计基本技能实训

刘钦　张优勤　主编

化学工业出版社

·北京·

内容提要

会计基本技能实训是财经类专业的基础课程，更是会计专业的首要入门实操课程。本书以初学者的视角，根据高等职业院校学生学习特点与规律，按照会计职业认知规律与会计核算工作过程设计相关实务内容，较为全面地介绍了会计基础实操知识与会计核算的基本方法。本书内容分为基础技能篇、出纳实务篇、会计实务篇和综合实训篇四部分。前三篇将理论基础、操作规范、仿真业务等内容有机地融于一体，第四篇通过高仿真的会计资料，按照企业典型业务处理流程，完成一个完整的会计综合业务项目，增加了实训的真实感和职业感，帮助提升学生的专业技能和综合职业素养。

本书适合作为高等职业院校会计专业及相关专业学生的教材，也可以提供相关知识给有关财务岗位人员参考。

图书在版编目（CIP）数据

会计基本技能实训/刘钦，张优勤主编.—北京：化学工业出版社，2020.8

ISBN 978-7-122-36338-1

Ⅰ.①会… Ⅱ.①刘… ②张… Ⅲ.①会计学-高等职业教育-教材 Ⅳ.①F230

中国版本图书馆 CIP 数据核字（2020）第 034331 号

责任编辑：蔡洪伟　旷英姿　　文字编辑：李　曦
责任校对：王素芹　　装帧设计：王晓宇

出版发行：化学工业出版社（北京市东城区青年湖南街 13 号　邮政编码 100011）
印　　装：大厂聚鑫印刷有限责任公司
787mm×1092mm　1/16　印张 7½　字数 220 千字　2020 年 9 月北京第 1 版第 1 次印刷

购书咨询：010-64518888　　售后服务：010-64518899
网　　址：http://www.cip.com.cn
凡购买本书，如有缺损质量问题，本社销售中心负责调换。

定　　价：28.00 元

版权所有　违者必究

Preface
前言

本书为高职高专院校会计专业的基本技能课程教材，根据高职高专学生的特点和会计实际工作的需要，紧扣职业教育目标，注重学用结合，理论联系实际，突出体现培养技能型人才的特点。本书分为基础技能篇、出纳实务篇、会计实务篇、综合实训篇共四大篇章，内容涵盖了财务人员基础技能训练和岗位专项技能训练。通过书写规范训练、点钞验钞技能训练和小键盘等办公设备的使用训练，提高学生的基本操作能力；通过日常现金收付、整理与保管业务，银行结算业务中支票、银行本票、银行汇票的使用与填制，电子支付的开户与查询、增值税专用发票开具等业务规范介绍提高学生的出纳岗位专项技能；通过原始凭证的填制和审核、记账凭证的编制、账簿的编制等训练，提高学生的会计岗位专项技能。书中的实训内容均以培养和锻炼学生的自我学习能力、理解能力及主动实操能力为主旨，在汲取借鉴了其他版本实训教材的成功经验基础上，结合高职高专职业教育的特征，从岗位需求出发，采取了通俗易懂、图文并茂的编写方式。

本书的基本特色如下：

一是适应性。教材立足于高职高专教育“教、学、做一体化”的要求，将财务工作中的业务分篇章进行讲授。教材以“学”为根本，“教”为辅助，“做”为核心，实现“教、学、做”三位一体的特点。编写中充分考虑了高职学生的特点与认知水平，便于初学者对财务岗位与财务工作的学习与理解。

二是实用性。本书以财务工作的基本技能为出发点，介绍了财务基础技能内容、出纳岗位专项技能内容、会计岗位专项技能内容，注重理论与实际工作相结合，强调学以致用。

三是仿真性强。教材所用的票据、凭证、账簿等都是高度仿真的，便于学生在学习过程中熟悉、了解、体验到真实的财务表单，获得真实的业务操作体验。

本教材由广州涉外经济职业技术学院刘钦老师、广州铁路职业技术学院张优勤老师任主编，广州工商学院原虹老师、广州涉外经济职业技术学院邝洁敏、叶欢老师参与编写。具体分工如下：基础技能篇实训 1 由叶欢老师编写；基础技能篇实训 2～实训 3 由邝洁敏老师编写；基础技能篇实训 4 由原虹老师和张优勤老师编写；出纳实务篇、综合实训篇由刘钦老师编写；会计实务篇、基础技能篇实训 5 由张优勤老师编写。

由于编者能力所限，书中不足与疏漏难免，恳请各相关高职院校和读者在使用本教材过程中给予批评指正，以便日后修订完善。

编者

2020 年 4 月

目录
CONTENTS

第一篇　基础技能篇

实训 1　书写规范　/　001

实训 2　识别真伪币　/　003

实训 3　点钞技术　/　011

实训 4　计算机小键盘的功能及操作要领　/　017

实训 5　翻打传票训练　/　019

第二篇　出纳实务篇

实训 1　日常现金收入业务　/　023

实训 2　日常现金支付业务　/　026

实训 3　现金保管与盘点　/　029

实训 4　现金业务的会计处理　/　030

实训 5　银行结算票据业务　/　034

实训 6　网上支付　/　046

实训 7　银行存款的会计处理　/　051

实训 8　发票业务处理　/　053

第三篇　会计实务篇

实训 1　会计岗位职责　/　063

实训 2　原始凭证的认知　/　064

实训 3　原始凭证的填制　/　067

实训 4　原始凭证的粘贴　/　069

实训 5　记账凭证的认知　/　073

实训 6　记账凭证的填制　/　074

实训 7　记账凭证的装订　/　078

实训 8　账簿的登记　/　081

第四篇　综合实训篇

参考文献

第一篇　基础技能篇

实训 1　书写规范

财务工作是一项特殊的工作，数字是准确反映成果并进行记录的工具。数字的书写是对会计人员技能的基本要求，也是作为一名合格会计人员首要必备的基础知识。数字书写是否规范、正确，直接影响到收付款业务工作的质量。因此，数字的书写必须正确、清晰和规范。

一、阿拉伯数字的书写规范

① 阿拉伯数字应一个个写，书写数字要自右上方向左下方倾斜，大致与水平线呈 60 度，即数字中心线与底线通常成 60 度的夹角。

阿拉伯数字标准书写字体如图 1-1 所示。

图 1-1　阿拉伯数字的标准书写

② 每个数字匀称，笔画流畅，数字排列应保持同等距离（约半个阿拉伯数字的距离），不要连笔书写，每个空格只写一个数字，不得几个字挤在同一个方格里，也不得在数字中间留着空格。

③ 书写阿拉伯数字有高度的标准。在高度上，每个数字要紧贴底线，数字一般占横格调序的 1/2（或 2/3）的位置，以便更正时可以再次书写。

④ 阿拉伯数字书写时，书写顺序自左向右，笔画顺序自上而下，防止书写倒笔字。

⑤ 阿拉伯数字书写时，除“4”和“5”外，其他数字必须一笔写成，不能人为地增加数字的笔画。“6”字要比一般数字向右上方长出 1/4，“7”和“9”字要向左下方（过底线）长出 1/4。

⑥ 为防止涂改，对有竖划数字的写法应有明显区别，如“6”的竖划应偏左，“7”的横

画部分要保持水平，不要上翘等；对于易混淆且笔顺相近的数字，在书写时，尽可能按标准字体书写，区别笔顺，避免混同，以防涂改。

二、中文书写规范

日常财务工作对于中文书写的基本要求是字迹清晰、规范，排列整齐工整。

① 用文字概括所发生的经济业务，文字书写大约占行高的二分之一。运用会计科目登记时，要按照会计制度的有关规定书写全称，不能随意简化、编造、缩写，二级与三级科目也必须要准确与规范。

② 字迹书写清晰整齐。文字书写时不能用草书，需注意每个字的重心，文字大小一致。

三、中文大写数字的书写规范

① 汉字大写数字书写，要以正楷字体或行书字体书写，字体要各自成形、大小匀称、排列整齐，不得连笔书写，应保持适当的距离。字迹要清晰规范，如出现错误，应标明作废字样，并重新填写凭证。

② 汉字大写数字书写，不允许使用未经国务院公布的简化字或谐音字。汉字大写数字金额一律用“零、壹、贰、叁、肆、伍、陆、柒、捌、玖、拾、佰、仟、万”等易于辨认、不易涂改的字样，不得用“0、一、二（两）、三、四、五、六、七、八、九、十”等简化字代替，不能自造汉字。

③ 大写金额数字要紧靠货币名称（如“人民币”）。大写金额数字前未印有货币名称的，应在大写金额前加货币名称（如“人民币”），且货币名称与金额数字之间不能留空白。

④ 大写金额数字无“角”“分”，或“角”后无“分”后应写“整”或“正”字，大写金额有“分”的，“分”字后面不写“整”字。如，￥1000.00 应写为人民币一仟元整；再如，￥38651.20 应写成人民币叁万捌仟陆佰伍拾壹元贰角整；而￥38654.27 应写成人民币叁万捌仟陆佰伍拾壹元贰角柒分。

⑤ 阿拉伯金额数字中间有“0”时，汉字大写金额要写“零”字。如￥38051.20 应写为人民币叁万捌仟零伍拾壹元贰角整。阿拉伯金额数字中间连续有几个“0”，汉字大写金额中可以只写一个“零”字，如￥38001.20 应写成人民币叁万捌仟零壹元贰角整。

⑥ 阿拉伯金额数字元位是“0”的，或者数字中间连续有几个“0”，且元位也是“0”而角位不是“0”时，汉字大写金额中可只写一个“零”。如￥38050.32 应写为人民币叁万捌仟零伍拾元叁角贰分，或者写成人民币叁万捌仟零伍拾元零叁角贰分。又如￥38000.32 可以写成人民币叁万捌仟叁角贰分。

⑦ 阿拉伯金额数字角位是“0”，而分位不是“0”时，汉字大写金额“元”后面应写“零”字。如￥9708.02 应写为人民币玖仟柒佰零捌元零贰分，又如￥535.04 应写为人民币伍佰叁拾伍元零肆分。

四、票据日期的书写规范

为防止变造票据的出票日期，在票据填写时，出票日期必须使用中文大写数字，月为壹、贰和壹拾的，日为壹至玖和壹拾、贰拾、叁拾的，应在其前加“零”字。日为拾壹至拾玖的，应在其前面加“壹”。如 4 月 16 日应写成肆月壹拾陆日。再如 11 月 30 日，应写成壹拾壹月零叁拾日。

票据出票日期使用小写填写的，银行不予受理。大写日期未按照要求规范填写的，银行可予受理。但由此造成损失的，由出票人自行承担。

票据和结算凭证上一旦写错或漏写了数字，必须重新填写单据，不能在原凭单上改写数字，以保证所提供数字真实、准确和及时完整。

视频 1：验钞

实训 2　识别真伪币

出纳人员的基本要领及常识之一就是掌握并识别真假人民币，通过熟练运用各种技术辨别真伪币，避免造成企业损失。

一、了解人民币的防伪特征

人民币是我国的法定货币，由中国人民银行发行，从 1948 年开始我国陆续发行了五套人民币。目前市场上流通的纸币一般是第五套人民币。本书就以第五套人民币为例，介绍它的防伪特征。

1. 2015 年版 100 元人民币防伪特征

（1）光变镂空开窗安全线

安全线位于票面正面右侧。垂直票面观察，安全线呈品红色；与票面呈一定角度观察，安全线呈绿色；透光观察，可见安全线中正反交替排列的镂空文字“￥100”，见图 1-2 所示。

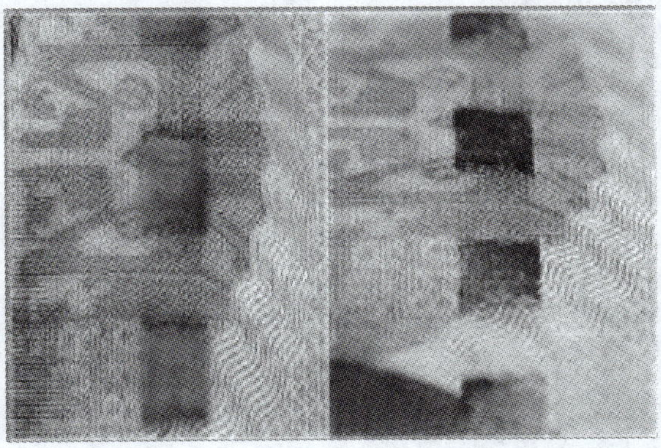

图 1-2　安全线

（2）光彩光变数字

位于票面正面中部。垂直票面观察，数字以金色为主；平视观察，数字以绿色为主。随着观察角度的改变，数字颜色在金色和绿色之间交替变化，并可见到一条亮光带上下滚动，见图 1-3 所示。

（3）人像水印

位于票面正面左侧空白处。透光观察，可见毛泽东头像，见图 1-4 所示。

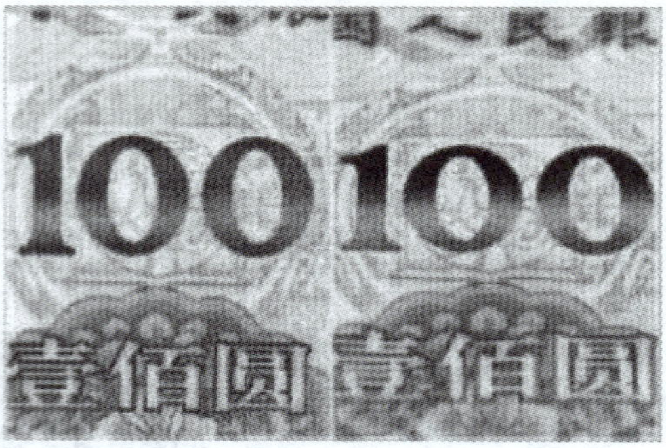

图 1-3 光彩光变数字

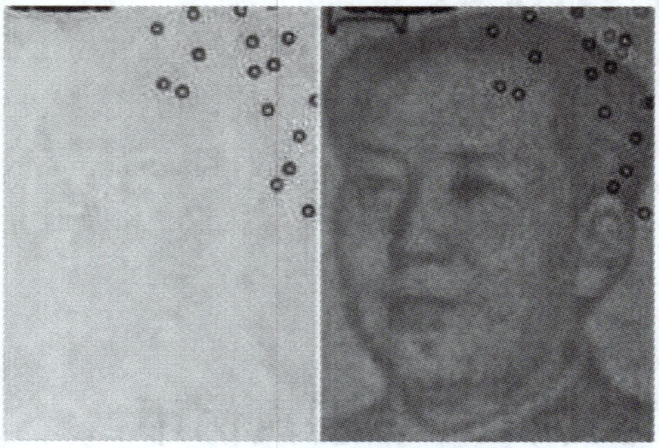

图 1-4 人像水印

（4）胶印对印图案

票面正面左下角和背面右下角均有面额数字“100”的局部图案。透光观察，正背面图案组成一个完整的面额数字“100”，见图 1-5 所示。

（5）白水印

位于票面正面横号码下方。透光观察，可以看到透光性很强的水印面额数字“100”，见图 1-6 所示。

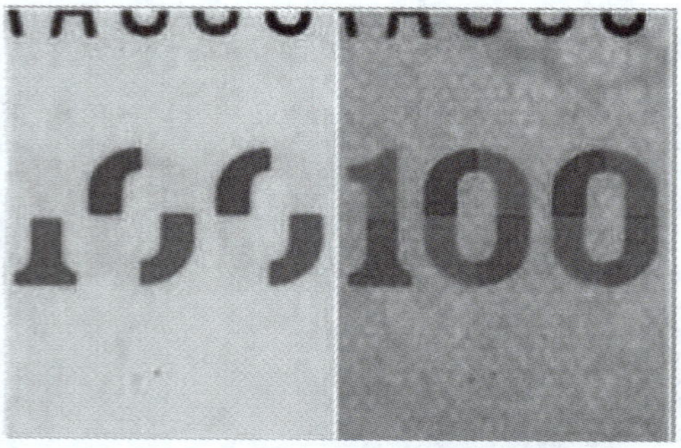

图 1-5 胶印对印图案

图 1-6 白水印

（6）雕刻凹印

票面正面毛泽东头像、国徽、中国人民银行行名、右上角面额数字、盲文面额标记及背面人民大会堂图等均采用雕刻凹印印刷，用手指触摸有明显的凹凸感。雕刻凹印图案见图 1-7 所示。

图 1-7 雕刻凹印图案

2. 2019 年版 50 元人民币防伪特征

（1）光彩光变面额数字

位于票面正面中部。改变钞票观察角度，面额数字“50”的颜色在绿色和蓝色之间变化，并可见一条亮光带上下滚动，如图 1-8 所示。

（2）雕刻凹印

票面正面毛泽东头像、国徽、中国人民银行

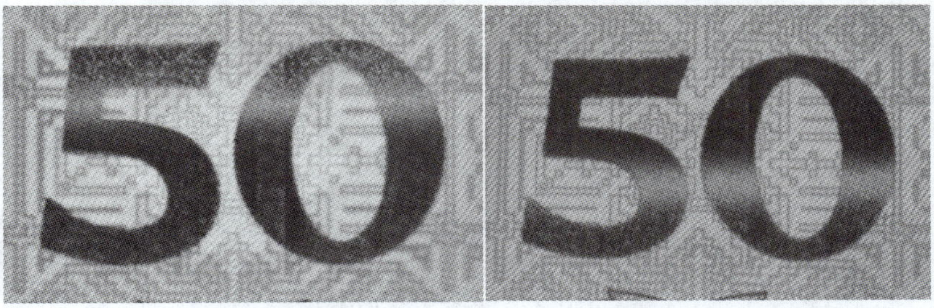

图 1-8 光彩光变面额数字

行名、装饰团花、右上角面额数字、盲文面额标记及背面主景等均采用雕刻凹版印刷，触摸有凹凸感。雕刻凹印图案见图 1-9 所示。

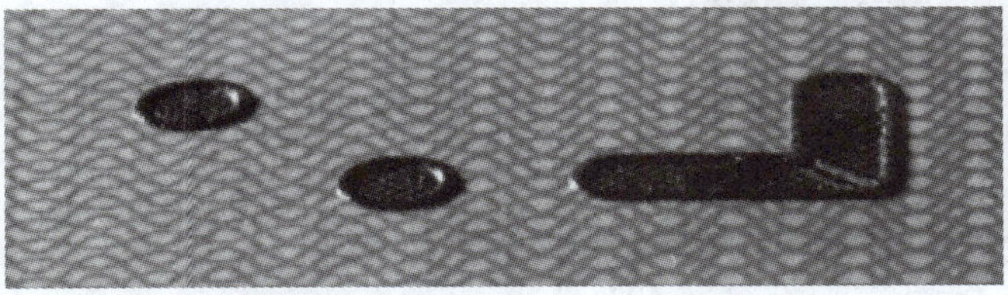

图 1-9 雕刻凹印图案

（3）光变镂空开窗安全线

位于票面正面右侧。改变钞票观察角度，安全线颜色在红色和绿色之间变化，亮光带上下滚动，透光观察可见“¥50”，如图 1-10 所示。

（4）人像水印

位于票面正面左侧。透光观察，可见毛泽东头像水印，如图 1-11 所示。

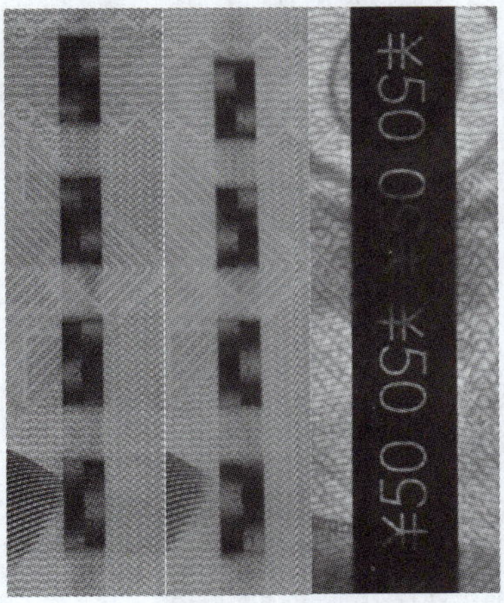

图 1-10 安全线

图 1-11 人像水印

（5）胶印对印图案

票面正面左下角和背面右下角均有面额数字“50”的局部图案。透光观察，正背面图案组成一个完整的面额数字“50”，见图 1-12 所示。

图 1-12　胶印对印图案

图 1-13　白水印

（6）白水印

位于票面正面横号码下方。透光观察，可见水印面额数字“50”，见图 1-13 所示水印。

3. 2019 年版 20 元人民币防伪特征

（1）光彩光变面额数字

位于票面正面中部。改变钞票观察角度，面额数字“20”的颜色在金色和绿色之间变化，并可见一条亮光带上下滚动，如图 1-14 所示。

（2）雕刻凹印

票面正面毛泽东头像、国徽、中国人民银行行名、装饰团花、右上角面额数字、盲文面额标记及背面主景等均采用雕刻凹版印刷，触摸有凹凸感。雕刻凹印图像见图 1-15 所示内容。

图 1-14　光彩光变面额数字

图 1-15　雕刻凹印

（3）光变镂空开窗安全线

位于票面正面右侧。改变钞票观察角度，安全线颜色在红色和绿色之间变化。透光观察可见“¥20”，如图 1-16 所示。

（4）花卉水印

位于票面正面左侧。透光观察，可见花卉图案水印，如图 1-17 所示。

图 1-16 安全线

图 1-17 花卉水印

（5）胶印对印图案

票面正面左下角和背面右下角均有面额数字“20”的局部图案。透光观察，正背面图案组成一个完整的面额数字“20”，见图 1-18 所示。

图 1-18 胶印对印图案

（6）白水印

位于票面正面左侧下方。透光观察，可见面额数字“20”，见图 1-19 所示。

4. 2019 年版 10 元人民币防伪特征

（1）光彩光变面额数字

位于票面正面中部。改变钞票观察角度，面额数字“10”的颜色在绿色和蓝色之间变化，并可见一条亮光带上下滚动，如图 1-20 所示。

图 1-19 白水印

（2）雕刻凹印

票面正面毛泽东头像、国徽、中国人民银行行名、装饰团花、右上角面额数字、盲文面额标记及背面主景等均采用雕刻凹版印刷，触摸有凹凸感。雕刻凹印图像见图 1-21 所示。

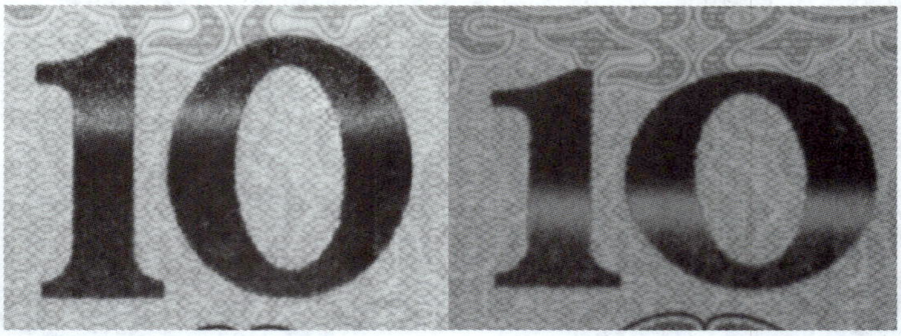

图 1-20　光彩光变面额数字

图 1-21　雕刻凹印

（3）光变镂空开窗安全线

位于票面正面右侧。改变钞票观察角度，安全线颜色在红色和绿色之间变化。透光观察可见“¥10”，如图 1-22 所示。

（4）花卉水印

位于票面正面左侧。透光观察，可见花卉图案水印，如图 1-23 所示。

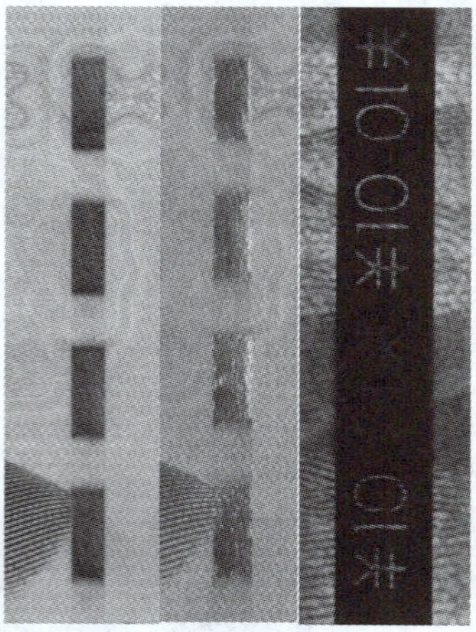

图 1-22　安全线

图 1-23　花卉水印

（5）胶印对印图案

票面正面左下角和背面右下角均有面额数字“10”的局部图案。透光观察，正背面图案组成一个完整的面额数字“10”，见图 1-24 所示。

图 1-24 胶印对印图案

图 1-25 白水印

（6）白水印

位于票面正面左侧下方。透光观察，可见面额数字“10”，见图 1-25 所示。

5. 1元硬币防伪特征

（1）隐形图文

在硬币正面面额数字轮廓线内，有一组隐形图文“¥”和“1”。转动硬币，从特定角度可以观察到“¥”，从另一角度可以观察到“1”，见图 1-26。

图 1-26 隐形图文

（2）外缘滚字

在硬币外缘的圆柱面，有等距离分布的三组字符“RMB”，如图 1-27 所示。

图 1-27 外缘滚字

6. 5角硬币防伪特征

在硬币外缘的圆柱面，共有六个丝齿段，每个丝齿段有八个齿距相等的丝齿，此丝齿被称为间断丝齿，如图 1-28 所示。

硬币正面　　硬币背面　　硬币外缘

图 1-28　间断丝齿

二、掌握真伪币识别方法

识别真假人民币的方法主要有人工鉴别法和机器鉴别法。

1. 人工鉴别法

通常采用“一看、二摸、三听、四比”的方法。

一看：看水印，真币清晰，有层次感，有很强的立体感，见图 1-29(a)；看安全线，第五套人民币纸币在各券别票面正面右侧，均有一条安全线，见图 1-29(b)；看光变油墨，第五套人民币纸币的 100 元和 50 元均采用光变油墨印刷，垂直观察纸币倾斜到一定角度，即可看到面额数字“50”的颜色在绿色和蓝色之间变化，见图 1-29(c) 所示；看票面图案，清晰、颜色鲜艳者为真币；看特殊防伪标记。

(a)　(b)　(c)

图 1-29　“一看”内容

二摸：摸毛泽东头像、盲文点、中国人民银行行名处是否有凹凸感，二摸内容详见图 1-30 所示；摸纸币是否薄厚适中。假币一般纸张较软，硬度不够。

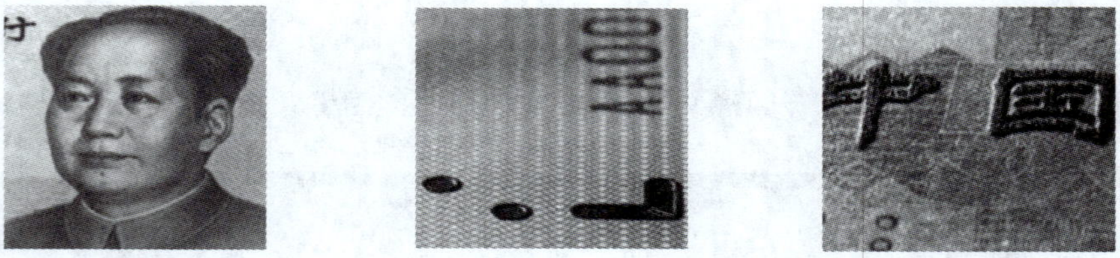

(a)　(b)　(c)

图 1-30　“二摸”内容

三听：人民币均为特殊纸张印刷，具有挺括、耐折，不易撕裂的特点。抖动纸币都会发出清脆响亮的声音。

四比：将真币和可疑币的纸张、长宽大小、图案、花纹、色彩、印刷技术等进行对比，进行仔细观察。

2. 机器鉴别法

一般通过使用验钞机或点钞机对人民币的真假进行检验。

（1）验钞机鉴别法

第一步：整平钞票，并将污染严重的纸币、用胶布或不干胶纸粘合的，难以过机检验的纸币剔除。

第二步：选择相应的鉴别功能。验钞时，将待检的人民币正面朝上，进行紫光检验。

以 2015 年版 100 元为例，用验钞机紫光检验的结果如图 1-31 所示。

在验钞机下，10 元券、20 元券、50 元券、100 元券的正面“中国人民银行”字体下方会分别呈现出“10”“20”“50”“100”的明亮金黄色字样，100 元券的背面中部环型图案变成明亮的橘红色。

（2）紫光报警检验法

第一步，按下“报警”按钮，其相应的灯会亮。

第二步，调节左侧的电位器旋钮至灵敏度灯亮。

第三步，把待验钞票平整地放入验钞仓即紫光管的正下方。

如果是假钞，报警器会发出声响，同时“报警”指示灯闪亮，见图 1-32。

图 1-31　验钞机紫光检验

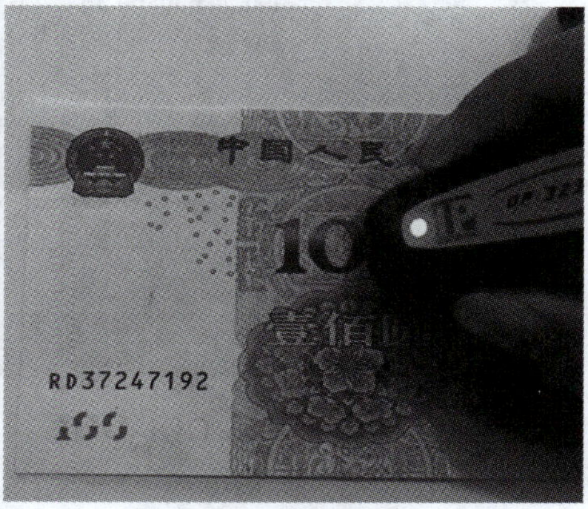

图 1-32　紫光报警检验

（3）磁性油墨检验法

通过按下“磁性”按钮，使其相对应的指示灯亮；将钞票上附有磁性油墨的地方用手指压着在机器的磁头上左右摩擦。若是真币，会发出“磁检正常”的语音，同时指示灯闪亮；若是假币，则无声无光。

实训 3　点钞技术

视频 2：点钞与扎钞

点钞技术是出纳人员必须掌握的一项基本业务技能。本实训介绍了点钞的基本要领，手工点钞的基本方法。

一、点钞的基本要领

1. 坐姿端正

正确的坐姿应该是挺胸直腰，上身坐直，小臂轻置桌沿上，持票的手腕接触桌面，另一只手腕稍微抬起，见图 1-33。

(a) (b) (c) (d)

图 1-33 坐姿

2. 用品定位

点钞时所需用的印泥、图章、水盒、捆扎条等用品固定放置于对应位置上，便于点钞时使用顺手。

3. 点数准确

点数准确需要做到精神集中，定型操作，手点、脑记，手、眼、脑紧密结合。

4. 钞票墩齐

钞票点好后必须墩齐后才能扎把。墩齐的要领是钞票的四条边同一水平，不露头，卷角拉平。

5. 捆扎

一般按半径拧扎法或缠绕折掖法捆扎，以用力推不变形，抽不出票把为准。

6. 责任人盖章

捆扎条上需整点人盖章用于分清责任。签章要求图章清晰可辨。

7. 动作连贯

动作连贯是保证点钞质量和提高效率的必要条件，点钞过程的各个环节（拆把、清点、墩齐、捆扎、盖章）必须密切配合，环环相扣。

二、手工点钞的基本方法

手工点钞方法有很多种，我们重点介绍手持式单指单张点钞法、扇面式点钞法、手按式单指单张点钞法和手按式多指多张点钞法。

1. 手持式单指单张点钞法

这种方法是点钞中最基本也是最常用的一种方法，适用范围广，使用频率较高。手持式单指单张点钞法，是用一个手指一次点一张的方法。

具体点钞方法如下：

（1）持钞

点钞时，上身坐直，双肩自然下垂，胸部稍挺，两小臂轻置在桌沿上。左手中指和无名指弯曲分开，夹住钞票一侧约 1/4 处，食指伸直托住钞票背面，拇指轻按在钞票正面，将钞票呈半扇面形，指尖压在钞票侧面，钞票正面和侧面所形成的钝角之角尖正对脸部；右手拇指、食指和中指蘸水，准备点数，见图 1-34 所示手势。

图 1-34　持钞手势

（2）清点

右手拇指票上，食指、中指在票下，放在钞票右下角。用拇指向正下方轻轻捻动，每次捻出一张，接着用无名指将捻开的钞票迅速弹拨下来，一捻一弹，相互配合，连续动作，直至点完。

（3）挑残破券

在清点过程中，如发现残破券应将其挑出。在点钞时，不需要急于抽出残破币，只要用右手中指、无名指夹住残破券将其折向外边，待点完 100 张后再将残破券补上即可。

（4）计数

在清点钞券时必须同时计数。计数时要用心计，不需要用嘴念出声来，做到心、眼、手三者密切配合。

（5）捆扎盖章

点钞完毕需要对所点钞票进行扎把，通常把 100 张捆扎成一把。捆扎完毕，点钞员在扎条上加盖点钞员名章，表示对此把钞票的质量、数量负责。

2. 扇面式点钞法

把钞票捻成扇面状进行清点的方法叫扇面式点钞法。这种点钞方法速度快，是手工点钞中效率最高的一种。但它只适合清点新票币，不适于清点新、旧、破混合钞票。

（1）持票

钞票竖拿，左手拇指在票前下部中间票面约 1/4 处。食指、中指在票后同拇指一起捏住钞票，无名指和小指拳向手心。右手拇指在左手拇指的上端用虎口从右侧卡住钞票成瓦形，食指、中指、无名指、小指均横在钞票背面，做开扇准备。

（2）开扇

开扇是扇面点钞的重要环节，具体方法如下：以左手为轴，右手食指将钞票向胸前左下方压弯，然后再猛向右方闪动，同时右手拇指在票前向左上方推动钞票，食指、中指在票后面用力向右捻动，左手指在钞票原位置向逆时针方向画弧捻动，食指和中指在票后面用力向左上方捻动，右手手指逐步向下移动，至右下角时即可将钞票推成扇面形。如有不均匀的地方，可双手持钞抖动，使均匀。打扇面时，左右两手一定要配合协调，不要将钞票捏得过紧。开扇手势见图 1-35 所示。

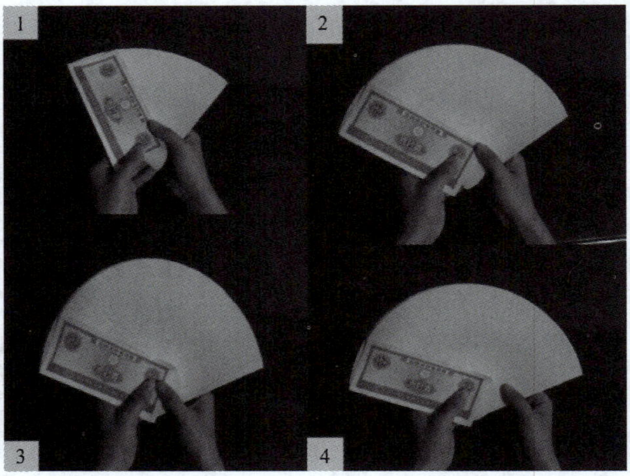

图 1-35　开扇手势

（3）点数

左手持扇面，右手中指、无名指、小指托住钞票背面，拇指在钞票右上角 1 厘米处，一次按下 5 张，按下后用食指压住，拇指继续向前按第二次，以此类推。

（4）记数

采用分组记数法，一次按 5 张为一组，记满 20 组为 100 张；或者按 10 张为一组，记满 10 组为 100 张。

（5）合扇

清点完毕合扇时，将左手向右倒，右手托住钞票右侧向左合拢，左右手指向中间一起用力，使钞票竖立于桌面上，两手松拢轻墩，把钞票墩齐，准备捆扎。

3. 手按式单指单张点钞法

该方法适用于整点新旧、大小钞票，尤其是适用于残破币较多的票币，也是初学者常采用的方法之一。这种方法点钞时需展开较大票面面积，易于观察票币的质感和外观，便于鉴别假币。但此方法劳动强度较大，点钞速度也较慢，但准确度较高。具体操作方法如下：

（1）持钞

把钞票横放在桌上，正对点钞者，左手中指、无名指及小指按住钞票左上部，右手拇指托起右下角的部分钞票，右手无名指按住右上角，使钞票右边成凹形，右手的拇指、食指准备点数。持钞手势见图 1-36 所示。

（2）清点

用右手的拇指托起钞票的一小部分，用右手的食指捻动钞票，使最上面的一张与小叠钞票分离，用左手拇指和食指隔开这张已分离的钞票，同时进行计数。

（3）计数

同手持式单指单张点钞法。

4. 手按式多指多张点钞法

多指多张点钞法有很多种，有三指三张，四指四张，五指五张。这里介绍最常用的一种方法：三指三张点钞法。每次三个手指点三张，计数时，数 33 次，最后加一张，点完 100 张。持钞手势见图 1-37 所示。

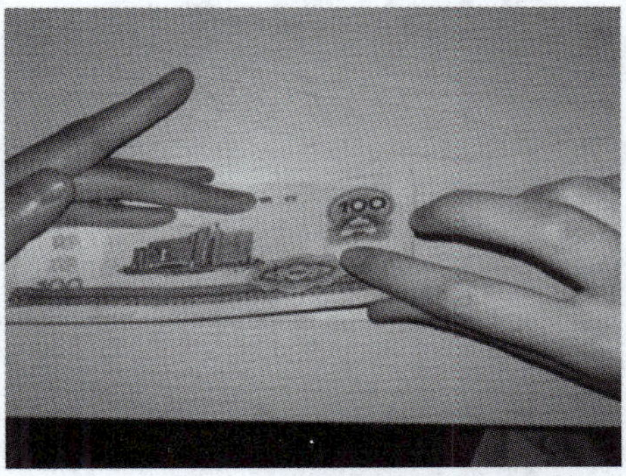

图 1-36　单指单张持钞手势

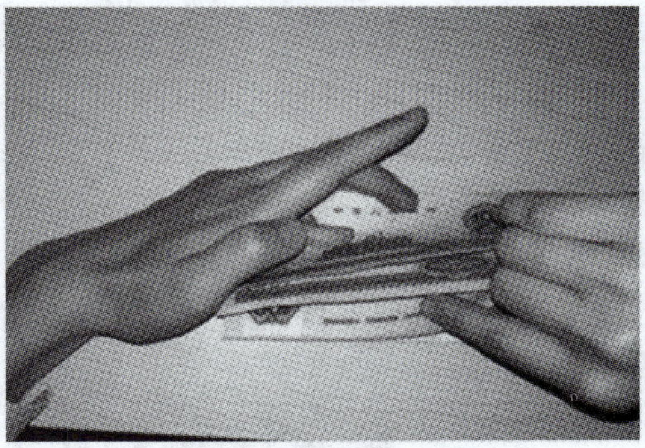

图 1-37　多指多张持钞手势

具体操作方法如下：

① 左手小指按压在钞票左上角，按压时需要保持一定力度。

② 左右无名指抠住钞票外边缘，稳定钞票，不让其在点钞过程中滑动。

③ 右手抬起一定量钞票，左手中指顺势放在小指和无名指中间可以辅助固定钞票。作为初学者不要一次性抬起太多钞票，抬起三分之一即可。

④ 右手无名指滑动第一张，在滑出的空隙里，中指去滑动第二张，接着在中指滑出的空隙里，食指去滑动第三张。

⑤ 在滑动出第三张的空隙时，左手大拇指顺势抬起这三张钞票（右手食指、中指、无名指放开三张钞票），同时，左手食指接过钞票压在食指和中指之间。

⑥ 重复上述动作，直至点钞完毕。

三、机器点钞

机器点钞作为代替部分手工操作的点钞方法，其速度快、准确度高的特点，减轻了出纳人员的劳动强度，提高了工作效率。

出纳人员在进行机器点钞之前，首先放置好点钞机，将点钞机放置在操作人员顺手的地方，一般是放置在操作人员的正前方或右上方。安放好后，必须对点钞机进行调试和实验，力求转速均匀、下钞流畅、落钞整齐、点钞准确。具体步骤如下：

① 打开机器。打开点钞机的电源开关和计数器开关。

② 放钞。取过钞票，右手横握钞票，将钞票捻成前高后低的坡形后，横放在点钞机的点钞板上，放置时顺着点钞板形成自然斜度。

③ 清点。钞票进入点钞机后，点钞人员的目光要迅速跟住输钞带，检查是否有夹杂券、破损券、假钞或其他异物。

④ 取票。当钞票全部下到集钞台后，看清计数器显示的数字与应点金额相符后，将钞票取出。

⑤ 捆扎盖章。与手工点钞方法一样。

四、捆扎技术

点钞完毕后需要对所点的钞票墩齐并进行捆扎，以便于存放和运输。通常是 100 张捆扎成一把，需使用牛皮纸扎条，最常用到的有半径拧扎法和缠绕折掖法。

（1）半径拧扎法

左手横执已墩齐的钞票，拇指按在票前，中指、无名指、小指在后。右手的拇指、食指和中指取扎条纸，拿住扎条的 1/3 处，把扎条搭在钞票的背面，用左手食指压住扎条，使扎条较短的一端在钞票的背面，之后用右手往下绕半圈，然后用左手稍用力握住钞票的正面，捏成斜瓦型，左手腕向外转动，右手捏住扎条向内转动，然后双手还原的同时将右手中的扎条拧成半径，用食指和拇指将扎条掖在斜瓦里，使扎条卡在下部，再将钞票抚平。半径拧扎法见图 1-38 所示。

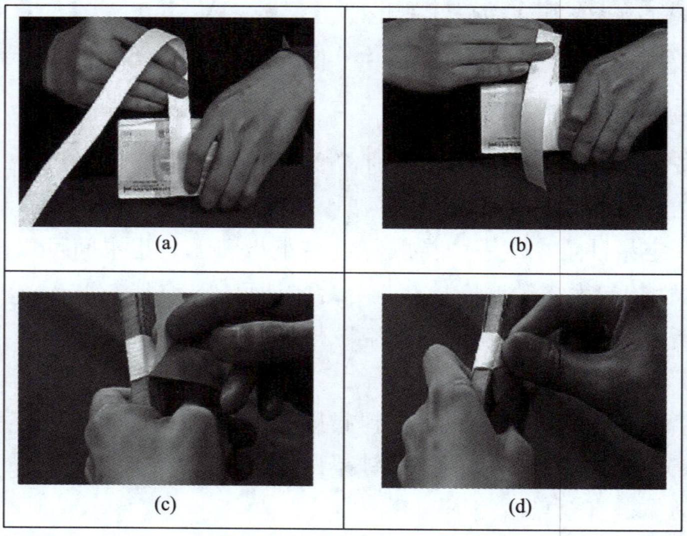

图 1-38　半径拧扎法

（2）缠绕折掖法

左手横执已墩齐的钞票，钞票正面朝前，拇指按在票前，中指、无名指、小指在后，食指伸直在钞票的上侧。左手从长的方向拦腰握着钞票，使之成为瓦状。右手握着扎条纸将其从钞票长的方向夹入钞票的中间（离一端 1/3 或 1/4 处），然后由内向外缠绕，将扎条一端留在票面上部，用右手食指和拇指捏住扎条向右折掖在钞票正面上侧。缠绕折掖法见图 1-39 所示。

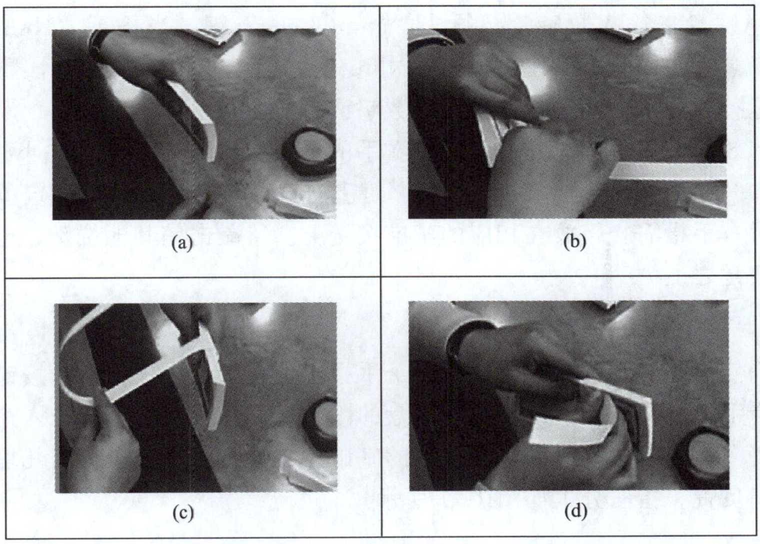

图 1-39　缠绕折掖法

实训 4　计算机小键盘的功能及操作要领

视频 3：盲打计算器

计算机小键盘又称数字键，主要用于快速输入数字，是向计算机输入数字的重要输入设备。小键盘区被称之为辅助键盘区，位于键盘的最右侧，一般常用于对大批量数据的输入。因而数字小键盘特别适合经常与数字打交道的人使用，比如财会人员、银行职员、医院收费员等。熟练掌握小键盘的输入方法和技巧，可以提高纯数字的录入速度，有效提高工作效率。

一、计算机小键盘的功能

数字键区的主要键位分布排列有：数字 0 至 9，算术运算符“+”（加）、“−”（减）、“*”（乘）和“/”（除）、小数点，回车键等。该区域大部分的按键都有双重功能，既可以代表数字和小数点，又可以代表某一编辑功能。日常工作多利用该区域“NumLock”数字锁定键，就可以在两种功能之间进行转换。数字小键盘键位分布如图 1-40 所示。

图 1-40　数字小键盘键位分布图

二、数字小键盘的指法及各指负责区域

1. 指法

使用数字小键盘来输入数字，必须按“Num Lock”键。当按下“Num Lock”键后，指示灯会亮起，数字小键盘可以使用。当“Num Lock”处于关闭状态时，数字键盘将作为第二组导航键运行（这些功能印在键上面的数字或符号旁边）。

为了便于有效地使用小键盘，通常规定右手的食指、中指、无名指和小指依次放在第3排的“4”“5”“6”“Enter”键上。其中“5”键上有一个小突起，是用来定位的。当开始准备操作小键盘时，手指需轻轻放在相应的基准按键上。待敲击完其他按键，也必须立即回到原指定的基准按键之上。

2. 各手指负责的区域范围

要学会正确使用小键盘，并不是任何一个手指都可以随便按任何一个按键。初学者往往很容易采用一个手指操作方式。为了提高键盘的敲击速度，提高数字的录入速度，就需要开始学习用多指。多指的要点就是在基准按键的基础上，通常将小键盘分为几块区域，每块区域都由一个手指负责。指法分工如图1-41所示。

（1）食指

食指一般在小键盘中负责“Num Lock”“7”“4”“1”键，一般是将食指放于“4”基准键上。

（2）中指

中指一般在小键盘中“/”“8”“5”“2”键，有时也可以负责“0”键的击键工作，一般是将中指放于“5”基准键上。

（3）无名指

无名指一般在小键盘中负责“*”“9”“6”“3”“.”键，经常将无名指放于“6”基准键上。

（4）小指

小指一般在小键盘中负责“－”“＋”“Enter”键的击键工作。

（5）大拇指

大拇指一般在小键盘中负责“0”键的击键工作。

在日常工作中，右手食指、中指和无名指习惯性放置在基准键位数字“4”“5”“6”键上，食指、中指、无名指和小指各负责一条纵向4个键，每当敲击完毕之后都要迅速回到基准键位上。

三、数字小键盘操作要领

1. 正确的坐姿

① 上身坐直，保持上身的平衡与自然，胸部稍挺。

② 小臂轻放在桌沿上，保持自然放松。

数字小键盘操作的坐姿如图1-42所示。

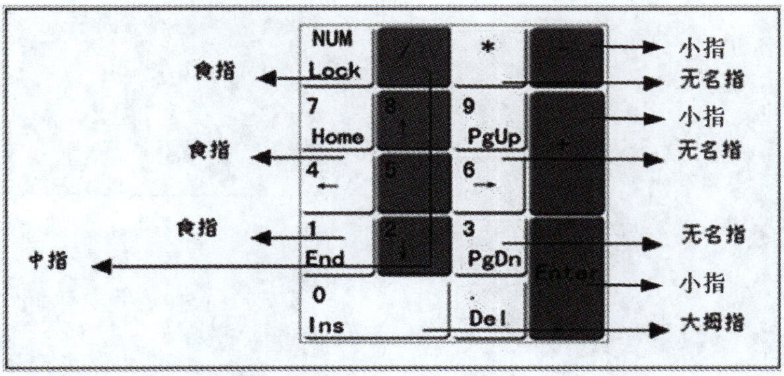

图 1-41　数字小键盘指法分工图

2. 正确的击键方法

① 击键时，须进行“盲打”。“盲打”是指法训练的最高境界，指两眼不看小键盘，而是靠手指的触摸和位置的熟练来确定击键的位置。

② 击键时，手指要保持弯曲，稍微拱起，指尖后的第一关节微成弧形，分别轻轻地放在数字键的中央。

③ 击键时，手指尖垂直对准键位轻轻击打。要轻松自然，不要用力过猛。手指工作即可，手掌上下浮动带动手指击键，手指微贴键盘有节奏地敲击，指尖抬起幅度 1 厘米以内，幅度不要过大。

④ 击键时，手腕不要动作，手腕不要抬起落下。全部动作仅限于手指部分，上身其他部分不得接触工作台或小键盘。

图 1-42　数字小键盘操作正确坐姿

⑤ 输入数字时，手抬起，只有要击键的手指才可伸出击键。击毕立即缩回，不可用触摸的手法，也不可停留在已击的数字键上。

实训 5　翻打传票训练

传票是指记载有文字、数字的单据与凭证，如发票、支票、收据等，因其经常在有关人员之间进行传递周转，故称之为传票。在银行，传票是业务活动相关传递过程的重要记账凭证。

传票运算是用计算器、计算机对各种单据、发票和记账凭证上的数字金额进行加减运算的一种方法，也称为凭证汇总算，也称传票算，是金融和财会专业必备的技能。

翻打传票，是指在经济核算过程中，对各种单据、发票或凭证进行汇总计算的一种方法，一般采用加减运算。传票一般可分为订本式传票和活页式传票。比赛一般采用活页式传票。常用传票如图 1-43 所示。

翻打传票，应该从最基本的坐姿开始训练，逐步到指法训练及数字盲打等基本功训练，最终完成传票翻打训练。

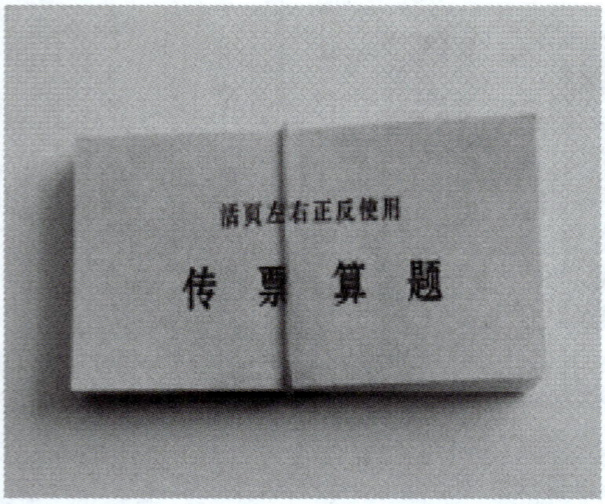

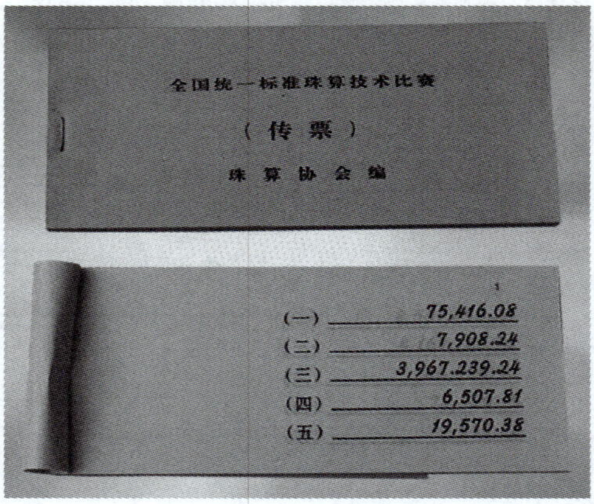

图 1-43　常用传票

一、翻打传票的操作规范

1. 坐姿端正

参考数字小键盘的坐姿。

2. 正确指法

参考数字小键盘的指法。

3. 翻页快速准确

4. 传票整理

① 墩齐：双手拿起传票侧立于桌面墩齐。

② 开扇：左手固定传票左上角，右手沿传票边沿轻折，将传票折开成扇形，扇形角度呈 20°～25°角。

③ 固定：右手用夹子固定传票的左上角，防止翻打时散乱。

5. 传票翻页

① 按：左手小指、无名指和中指按住传票的左下端。

② 翻：左手大拇指一张张翻起传票，并交给左手食指，食指和中指夹住翻打完毕的传票。

6. 动作协调流畅

① 左右手协调：左手翻打传票时，右手将传票上的数字敲入数字小键盘。

② 眼脑手协调：左手翻开传票时，眼睛应迅速看完传票上的数字，大脑同时记住数字，右手连续不断地将此行数字敲入数字小键盘。确保右手未打完当页数字时，左手已经翻到下一页，保持动作协调流畅。

二、翻打传票的训练方法

翻打传票训练时，“先翻一步”是传票翻开的基本要求。“先准后快”是日常训练的基本宗旨，训练时不要急于求快，要先追求准确率。

1. 基本键练习

从基本键位 4、5、6 练起。

456　654　546　564　645　465……

2. 其他键练习

食指“1、4、7”，中指“2、5、8”，无名指“.、3、6、9”，小指“+、-、ENTER”等。每一次打完数字后，食指、中指、无名指都要回到“4、5、6”基本键位上。

3. 数字键位置记忆练习

达到不用眼看就能准确无误地找准键位。

9630　0963　9660　6093　3906……

4. 连加连减练习

① 1+2+3+4+5+…+100=5050，可练习加法。

② 5050-1-2-3-4-5-…-100=0，可练习减法。

③ 把 123　456　789 连加 9 次，和为 1　111　111　101，随后再逐笔减去 123　456　789 直至减完为 0。

④ 把 9　876　543　210 连加 9 次，和为 88　888　888　890，随后再逐笔减去 9　876　543　210，直到减完为 0。

第二篇　出纳实务篇

出纳是按照有关规定和制度，办理本企业的现金收付、银行结算及有关账务，保管库存现金、有价证券、财务印章及有关票据等工作的总称。出纳工作是财务工作的重要环节，涉及的是现金收付、银行结算等活动，而这些又直接关系到职工个人、企业乃至国家的经济利益。本篇内容重点介绍了日常现金收付、整理与保管业务，银行结算业务中支票、银行本票、银行汇票的使用与填制，电子支付的开户与查询，增值税专用发票的开具。

实训 1　日常现金收入业务

现金是流动性最强的资产，企业其他各项资产都需要经过变现才能实现使用，掌握好日常现金收入、支出、日清业务是出纳岗位重要的日常工作。

一、现金收入的分类

在企业经营中，现金收入一般分为销售产品、提供劳务等业务时的现金收入，企业内部的现金收入，向企业职工收取的罚款收入，出差人员差旅退回的多余款项而取得的现金收入等。在现金收入业务处理时，企业需编制现金收款凭证。一般情况下，按收入现金业务的性质可分为以下几种：

1. 业务收入

① 机关、团体等的拨款收入。

② 企事业单位的业务收入。

2. 非业务收入

① 企业的投资收入。

② 企业的营业外收入。

③ 企业的其他收入。

3. 预收现金收入

预收现金收入是指企事业单位按照合同规定预收的定金等收入。

4. 其他现金收入

各企业的其他收入所得收入。

二、日常现金收入处理流程

1. 明确付款信息

出纳人员在收取现金前，应弄清楚款项性质、付款人及款项金额。

2. 复核收款凭证、收款金额是否相符

企业日常销售商品、提供劳务而取得的业务收入，与有关合同协议上的金额核对。

3. 清点现金

应与当事人当面点清现金，避免日后出现经济纠纷。

4. 开具收据

一切现金收入都应开具收款收据，即使有些现金收入已有对方的付款凭证，也应开出收据交付款人。对于外部现款交易产生的收款，开具普通发票或增值税专用发票即可；对于内部收款，也应开具相关收据，并在有关收款依据上加盖“现金收讫”印章和收款人名章。

5. 登记现金日记账

出纳人员根据收款凭证，填制记账凭证，并登记现金日记账。

6. 现金送存银行

对于超过库存限额的现金收入，应按照有关规定在当日送存开户银行。如果当日收进现金的时间在银行当天停止收款以后，出纳人员应在第二天及时送存银行。

三、银行提取现金处理流程

1. 签发现金支票

从银行提取现金前，首先要签发现金支票。

2. 提交取款凭证

出纳人员持现金支票到开户银行，将现金支票提交给对公柜台人员，等待银行受理。

3. 领取现金

银行受理后，审核无误后，出纳人员可以领取现金。收取现金后，出纳人员必须根据取款数额认真清点，确认无误后才可离开。

4. 将现金存入保险柜

出纳人员提取现金后，应及时将现金存入企业的保险柜。

5. 编制记账凭证

出纳人员根据现金支票存根或回单编制记账凭证，并根据审核无误的记账凭证登记现金日记账。

四、开具收款收据

开具收据是出纳必备的技能之一。收据为企业自制凭证，可以在文具店购买，也可以由

企业自行设计打印。在实务工作中，收据一般分为两联式或三联式收据。两联式收据，第一联为存根联，由出纳自行保管；第二联为收据联，盖上公章或财务专用章后，交由对方作为收款依据；三联式收据，第一联为存根联，由出纳自行保管；第二联为客户联，盖上公章或财务专用章后，交由对方作为收款依据；第三联为记账联（如图 2-1 所示），出纳开具后盖上“现金收讫”章交给会计做账。

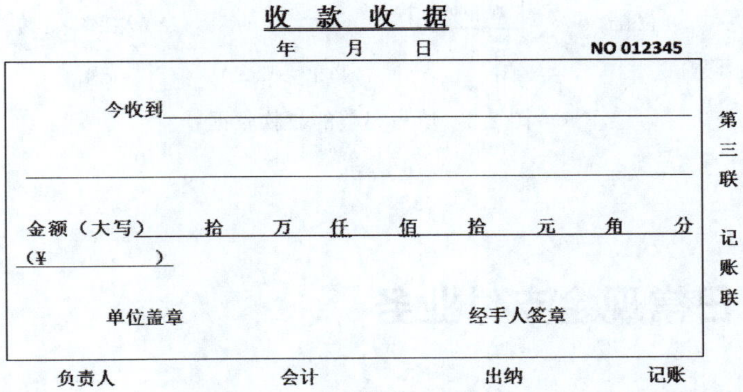
收 款 收 据
年 月 日 NO 012345
今收到
金额（大写） 拾 万 仟 佰 拾 元 角 分
（¥ ）
单位盖章 经手人签章
负责人 会计 出纳 记账
第三联 记账联

图 2-1 空白收款收据

以三联收据为例，三联收据的开具步骤如下：

（1）填写内容

① 收据日期：小写日期填写收款当天日期。

② 项目：在付款方后面填写收款原因及事由。

③ 金额：需使用大小写填写收取的实际金额。

④ 签章：收据上的相关人员签字，一般填写相关的经手人和出纳人员。

（2）盖章

在第二联盖上公章或财务专用章；在第三联盖上“现金收讫”章。

（3）收据的交付

收据填写完毕、盖章后，可将收据第二联，如图 2-2 所示，撕给付款方，第一联保留在收据本上备查。结束当日工作后，应当将当天所开具的收据第三联（如图 2-2）统一交给会计记账。

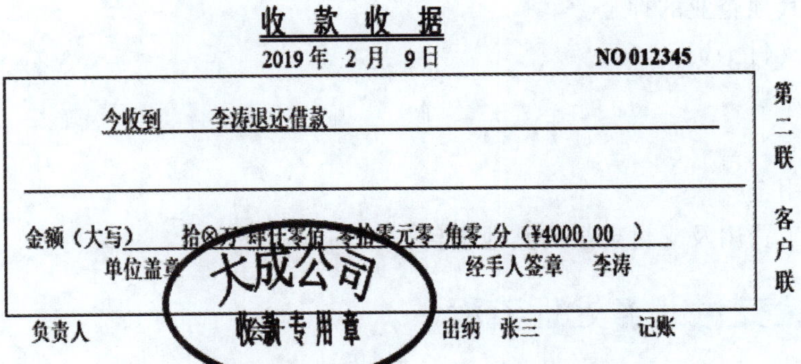
收 款 收 据
2019 年 2 月 9 日 NO 012345
今收到 李涛退还借款
金额（大写） 拾⊗万 肆仟零佰 零拾零元零 角零 分（¥4000.00 ）
单位盖章 经手人签章 李涛
负责人 出纳 张三 记账
第二联 客户联

图 2-2

收 款 收 据

2019 年 2 月 9 日　　　　NO 012345

今收到　李涛退还借款

金额（大写）　拾 ⊗万 肆仟零佰 零拾零元零 角零 分（¥4000.00　）

单位盖章　现金收讫　　　　经手人签章　李涛

第三联　记账联

负责人　　会计　　出纳 张三　　记账

图 2-2　填写完整的收款收据

实训 2　日常现金支付业务

一、企业现金支付业务的范围

按照国务院发布的《现金管理暂行条例》规定，开户单位可以在下例范围内使用现金：

① 职工工资、津贴。

② 个人劳务报酬。

③ 根据国家规定颁发给个人的科学技术、文化艺术、体育等各种奖金。

④ 各种劳保、福利费用以及国家规定的对个人的其他支出。

⑤ 向个人收购农副产品和其他物资的价款。

⑥ 出差人员必须随身携带的差旅费。

⑦ 结算起点以下的零星支出。

⑧ 中国人民银行确定需要支付现金的其他支出。

二、企业现金支付业务的具体内容

① 支付购买货物的现金。

② 支付接收劳务的现金。

③ 支付向其他企业的押金。

④ 向员工支付工资。

⑤ 预付差旅费。

⑥ 报销差旅费。

⑦ 支付备用金。

⑧ 垫付员工费用及支付现金的其他项目。

三、现金支付业务处理流程

一般在日常工作中，企业现金支付业务多为向职工发放工资、奖金、津贴和超限现金送存银行等现金支付业务。以支付员工工资、超限现金送存银行为例介绍现金支付业务处理流程：

1. 向员工支付工资业务

① 出纳人员根据工资表等有关付款凭证编制付款单（如图 2-3 所示），并计算出付款金额。

付款单

年　月　日

存款单位/经办人：　　　　　　　　　　**会计处理方式/科目：**

摘要	数量	单价	金额	付款方式			
				现金	支票	其他	附单据　张
合计：人民币　佰　拾　万　仟　佰　拾　元　角　分 ¥：							
备注							

业务经办：　　　　**主管经理：**　　　　**财务经理：**

总经理：　　　　　　　　　　　　　　**出纳：**

图 2-3　付款单

② 出纳人员根据付款金额清点库存现金额，不足时可以从银行申请提取，然后根据收款企业或个人再进行分类装袋。

③ 发放现金时，出纳人员必须要求收款企业或个人当面清点并签字或盖章确认。

④ 出纳人员根据付款单等原始凭证填制记账凭证。

⑤ 出纳人员根据记账凭证登记现金日记账。

2. 送存现金业务

当日收取的现金超过库存现金限额的部分应由出纳人员及时送存开户银行。

① 清点票币金额。出纳人员在送款前，应将送存的票币进行清点整理，按币别、比重分开计数，并将存款的金额合计出来。

② 填写缴款单。出纳人员根据清点整理好的存款金额填写进账单，各种币种的金额合计数应与存款金额一致。

③ 提交进账单和票币。出纳人员向银行提交进账单和清点整理完毕的票币。要求票币一次性交清，并当面清点；如有差错，需当面复核。

④ 加盖“现金收讫”和银行印鉴。开户银行受理后，在现金进账单上加盖“现金收讫”和银行印鉴后，退回交款人一联，表示款项已收妥。

⑤ 编制记账凭证。出纳人员根据银行退回的盖有“现金收讫”和银行印鉴的现金进账单，编制记账凭证。

⑥ 登记现金日记账。出纳人员根据记账凭证登记现金日记账。

四、报销业务处理

报销业务是出纳日常工作中较为常见的业务之一。报销单如图 2-4，是报销业务中最重要的原始凭证，准确填制报销单是进行报销业务的首要重要工作。

视频 4：报销业务

报　销　单

报销部门：　　　　　　年　月　日　　　　　　单据及附件共计　页

<table>
<tr><td>用　途</td><td>金　额</td><td rowspan="2">部门领导签批</td><td rowspan="2" colspan="2"></td></tr>
<tr><td></td><td></td></tr>
<tr><td></td><td></td><td rowspan="3">公司领导签批</td><td rowspan="3" colspan="2"></td></tr>
<tr><td></td><td></td></tr>
<tr><td>合　计</td><td></td></tr>
<tr><td colspan="2">金额（大写）　拾　万　仟　佰　拾　元　角　分</td><td colspan="2">原借款：　元</td><td>应退余额：　元</td></tr>
</table>

会计主管　　会计　　出纳　　报销人　　领款人

图 2-4　报销单

1. 填写报销单

① 填写报销部门。费用报销的一般原则是：谁使用，谁承担。报销部门为费用承担部门。若销售人员报销差旅费，报销部门为“销售部”。

② 填写报销日期。报销日期即为填写报销单据的日期。

③ 填写附件张数。除报销单外，附件的张数。如果张数较多，可以将票据一同粘贴到一张粘贴单上，一张粘贴单是一张附件，里面可以粘贴多张小发票。

④ 填写报销用途。报销用途的填写可先咨询公司财务再填。如企业业务招待经费的报销，具体填写看是只需填写“业务招待费”，还是需具体写明招待事由，几人等。此处一般不同企业，要求也略有不同。

⑤ 填写报销金额。金额不得有涂改，大写金额和小写金额要一致。

⑥ 粘贴单据与附件。将相关附件进行粘贴，如：差旅费报销一般需要的附件有出差审批单、机票发票或车票发票等。

⑦ 审批签字。一般至少要有部门经理、公司领导及会计主管的签字。不同公司的岗位设置不同，报销制度不同，可参照公司报销制度走报销流程。

经过上述 7 个步骤，一张完整的报销单即填写完毕，如图 2-5 所示。

报　销　单

报销部门：财务部　　　　2019 年 02 月 12 日　　　　单据及附件共计 4 张

<table>
<tr><td>用　途</td><td>金　额</td><td rowspan="2">部门领导签批</td><td rowspan="2" colspan="2">同意。
黄××</td></tr>
<tr><td>出差</td><td>1000</td></tr>
<tr><td></td><td></td><td rowspan="3">公司领导签批</td><td rowspan="3" colspan="2">同意。
陈××</td></tr>
<tr><td></td><td></td></tr>
<tr><td>合　计</td><td>1000</td></tr>
<tr><td colspan="2">金额（大写）　零　万　壹　仟　零 佰零　拾零元零　角零分</td><td colspan="2">原借款：1200 元</td><td>应退余额：200 元</td></tr>
</table>

会计主管　　会计　　出纳　　报销人　　领款人

图 2-5　已填写完毕的报销单

2. 盖章付款

出纳审核无误后，报销人在报销单的右下角“报销人”或“领款人”处签字，然后在付款完毕的报销单上盖上“现金付讫”章，如图 2-6 所示。

报　销　单

报销部门：财务部　　2019 年 02 月 12 日　　单据及附件共计 4 张

用　途	金　额	部门领导签批	同意。 黄××
出差	1000		
		公司领导签批	同意。 陈××
现金付讫			
合　计	1000		
金额（大写）　零　万　壹　仟　零佰零　拾零元零　角零分		原借款：1200 元	应退余额：200 元

会计主管　黄××　会计　张××　出纳　黄××　报销人　李××　领款人　李××

图 2-6　已付款的报销单

实训 3　现金保管与盘点

一、现金保管业务

日常工作中，现金的保管是出纳人员日常必做工作之一。进行现金保管首先需要对现金进行清点，现实工作中一般利用点钞机或手工清点的方式对纸币进行清分、点钞、检验真伪。对于硬币的清点，一般先对硬币进行分类，十个一摞，点清码齐即可；或者使用硬币盒进行清点。

1. 纸币的保管

对纸币的保管一般是根据整数和零数进行分类保管。首先将纸币打开铺平存放，并根据纸币的票面金额，以每一百张扎为一把、每十把捆成一捆，进行扎把、打捆，存放于保险柜内，随用随取；对于零散不成捆的纸币一般按照面额分别整齐存放，用曲别针扎起。

2. 硬币的保管

硬币的分类保管，也是要按照面额，把一百枚用纸卷成一卷，每十卷捆成一捆，同样将成捆、成卷的硬币存放在保险箱内，随用随取；不成卷的硬币，按照不同的面额，分类存放在硬币盒中或者手折硬币收纳盒子。硬币收纳盒如图 2-7 所示。

图 2-7　硬币收纳盒

二、库存现金盘点业务

现金盘点最好选择在上午上班前或下午下班

后进行。盘点的范围一般包括被审计企业各部门经管的现金。

① 进行现金盘点时，应由出纳员将现金集中起来存入保险柜。必要时可加以封存，然后由出纳员把已办妥现金收付手续的收付款凭证登入库存现金日记账。如被审计企业库存现金存放部门有两处或两处以上的，应同时进行盘点。

② 出纳员应当面打开保险柜，进行清点，并把现金数额登记入现金盘点表内的“库存现金”名目下。如发现有借条则不能算入现金。

③ 由出纳员根据库存现金日记账加计累计数额，结出现金结余。

④ 盘点保险柜的现金实存数，同时编制库存现金盘点表（图 2-8），将币种、面值分别列示盘点金额。

库存现金盘点表

实存金额	账存金额	实存与账存对比结果		备注
		盘盈	盘亏	
单位负责人意见				

财务负责人（签章）： 盘点人（签章）： 出纳（签章）：

图 2-8 库存现金盘点表

把“现金盘点表”内数据填写完毕之后，利用盘盈/盘亏现金计算公式：盘盈/盘亏现金＝实际库存现金＋未入账支出－账上现金余额－未入账收入，登记实存与账存对比结果，现金盘点业务结束。

实训 4 现金业务的会计处理

一、库存现金账户设置

库存现金科目核算企业的库存现金。企业有内部周转使用备用金的，可以单独设置“备用金”科目。“库存现金”账户结构如图 2-9 所示。

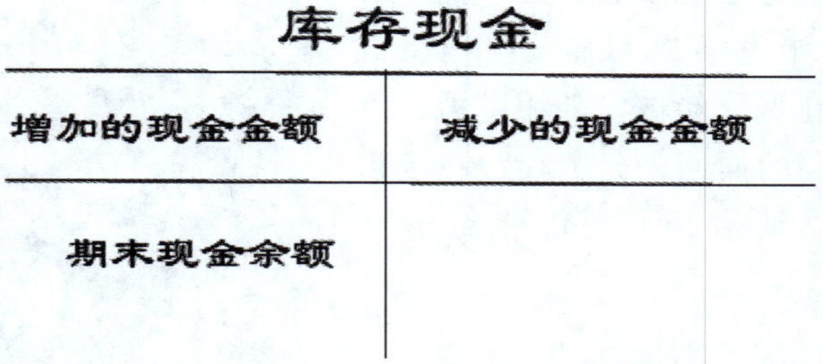

图 2-9 “库存现金”账户结构

二、现金溢余与短缺的会计处理

企业对库存现金进行盘点时，如发现账实不符，应及时进行账务处理。

1. 库存现金盘点短缺的账务处理

库存现金盘点短缺的原因及对应的账务处理，如图 2-10 所示。

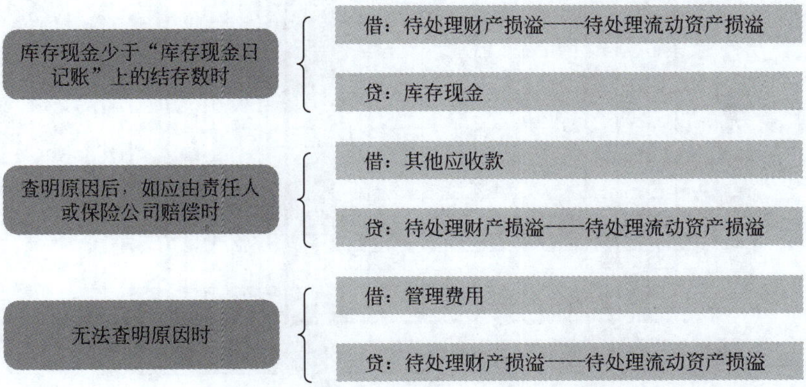

图 2-10　库存现金盘点短缺的账务处理

2. 库存现金盘点溢余的账务处理

库存现金盘点溢余的原因及对应的账务处理，如图 2-11 所示。

视频 5：登记库存现金日记账

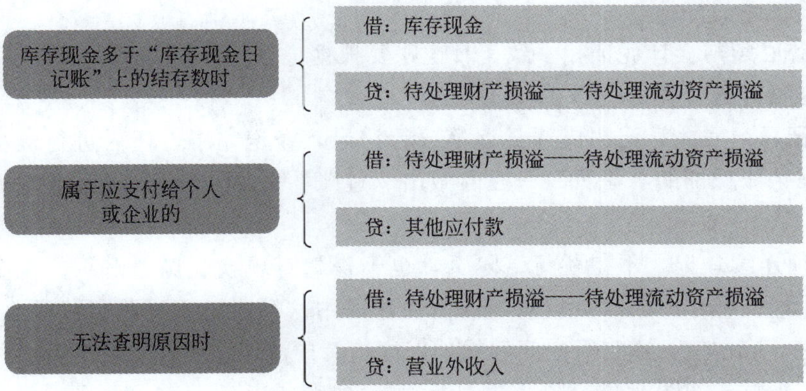

图 2-11　库存现金盘点溢余的账务处理

三、登记现金日记账

现金日记账通常由出纳人员根据审核后的现金收、付款凭证，逐日逐笔顺序登记。

1. 登记内容填写

库存现金日记账填写内容如图 2-12 所示。

① 日期栏：业务实际发生的时间。

② 摘要栏：简要说明业务主要内容。

③ 借方金额栏：登记现金增加的金额。

④ 贷方金额栏：登记现金减少的金额。

⑤ 余额栏：登记现金的余额。

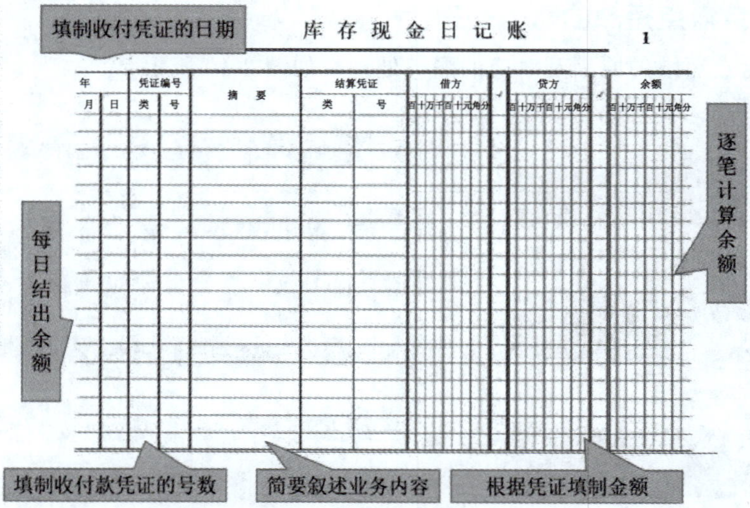

图 2-12　库存现金日记账格式

2. 现金日记账的登记要求

① 以审核无误的收、付款凭证为依据进行登记。出纳人员在办理收、付款时，应当对收款凭证和付款凭证进行仔细复核，并以经过复核无误的收、付款记账凭证与其所附的原始凭证作为登记现金日记账的依据。

② 所记载的内容必须与会计凭证相一致。日记账要根据记账凭证所记载的日期、编号、摘要、金额和对应科目等进行登记。

③ 逐日逐笔登记日记账。日记账应逐日逐笔分行记录，登记完毕，还需进行逐项逐项复核，复核无误后在记账凭证的“账页”一栏内做出“过账”符号“√”，表示此笔业务已经登记入账。

④ 账页内容必须连续登记，不得跳行、隔页，也不得随意更换、撕毁账页。现金日记账的账页不得撕毁，即使有作废的账页也应当保留在账簿中。登账时不得跳行或隔页登记，如发生跳行、隔页时，应在空页或空行中间划线加以注销，或注明“此行空白”“此页空白”字样，并由记账人员盖章，如图 2-13、图 2-14 所示。

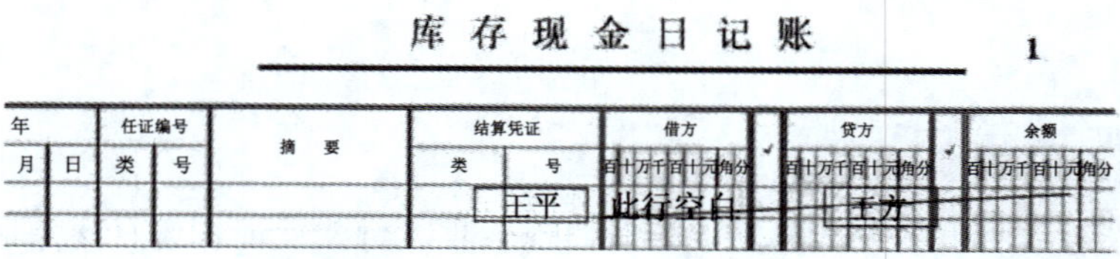

图 2-13　“此行空白”的处理

⑤ 账页中的数字填写必须准确无误，不得随意涂改。书写的文字、数字字体应大小适中，一般占空格宽的 1/2，以备出现错误进行更正。登记金额时，若是没有角分的整数，应分别在角分栏内写上“0”，不得省略不写，或以“-”号代替。

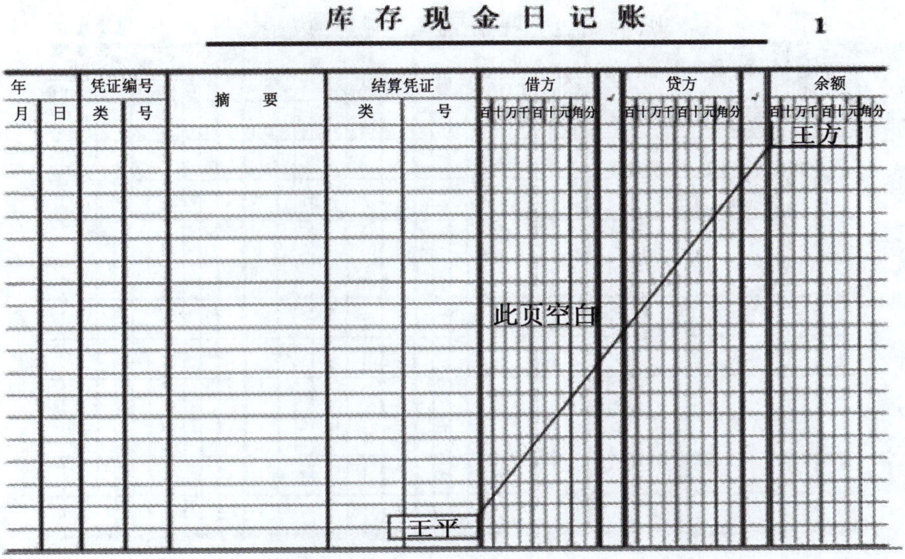

图 2-14 “此页空白”的处理

⑥ 账簿填写要求使用蓝黑墨水书写，不得使用圆珠笔（银行复写账簿除外）或铅笔书写。除按照红字冲账凭证冲销错误记录及会计制度中规定用红字登记的业务，可以使用红色墨水记账。

⑦ 每一页账页记完后，必须进行转页。在每一账页登记完毕结转下页时，应结出本页发生额合计数及余额，写在本页最后一行和下页第一行的有关栏内，并在摘要栏处注明“过次页”和“承前页”，如图 2-15、图 2-16 所示。

库存现金　日记账　　**第1页**

2018年 月	日	凭证号	摘要	对方科目	借方（千百十万千百十元角分）	贷方（千百十万千百十元角分）	核对号	余额（千百十万千百十元角分）
1	1		上年结转					196302
	6	7	厂办报销路由器	管理费用		12500		156802
	12	20	垫付运费	应收票据		27000		
		22	收押金	其他应付款	80000			
		23	收回现金	其他应收款	58700			
		24	存现金	银行存款		100000		195502
	22	36	退回押金	其他应付款		80000		115502
	30	40	罚款	营业外收入	30000			
		46	提现金	银行存款	100000			
		50	报销差旅费	制造费用		44500		201002
			过次页		268700	364000		201002

图 2-15　现金日记账“过次页”的填写

⑧ 现金日记账必须逐日结出余额，每月月末必须按规定结账，现金日记账不得出现贷方余额（红字余额）。

库存现金 日记账 第2页

2018年 月	日	凭证号	摘要	对方科目	借方	贷方	核对号	余额
			承前页		268700	364000		201002
		52	支付清扫费	制造费用		100000		101002
			本月合计		268700	464000		

图 2-16 现金日记账“承前页”的填写

实训 5 银行结算票据业务

一、了解银行支付结算种类

现行的银行支付结算种类（图 2-17）具体分为：银行汇票、商业汇票、银行本票、支票、汇兑、委托收款、托收承付等。根据结算形式不同，可以分为票据结算和支付结算两大类；根据结算地点不同，可以分为同城结算、异地结算和通用结算（同城异地结算）三类。

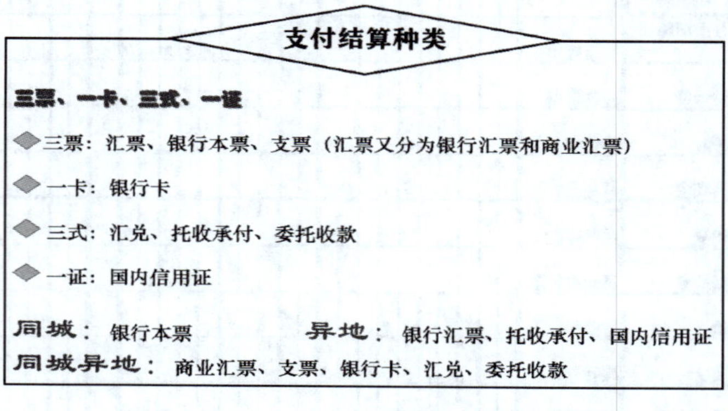

图 2-17 银行支付结算种类

二、认识支票

支票分为现金支票、转账支票和普通支票。在支票正面上方由标注注明。

现金支票，只能用于支取现金，现金支票正、背面样式如图 2-18 所示。

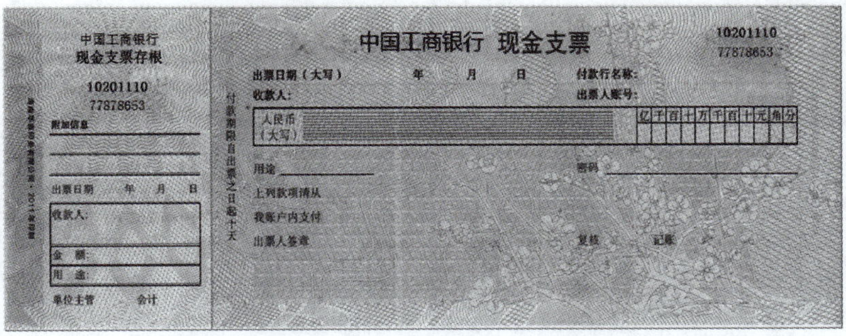

(a) 正面

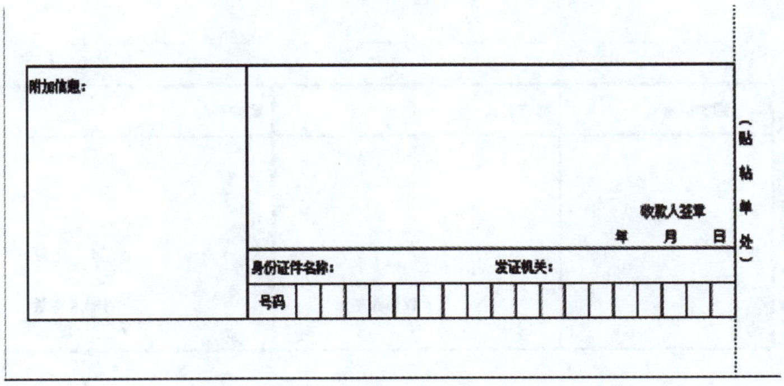

(b) 背面

图 2-18　现金支票正面与背面

转账支票只能用于转账，转账支票正、背面样式如图 2-19 所示。

普通支票分为可转账普通支票和可取现普通支票，一般以普通支票左上角有无两条平行线进行区分，若普通支票左上角无划线，即可用于取现，普通支票正、背面样式如图 2-20 所示。

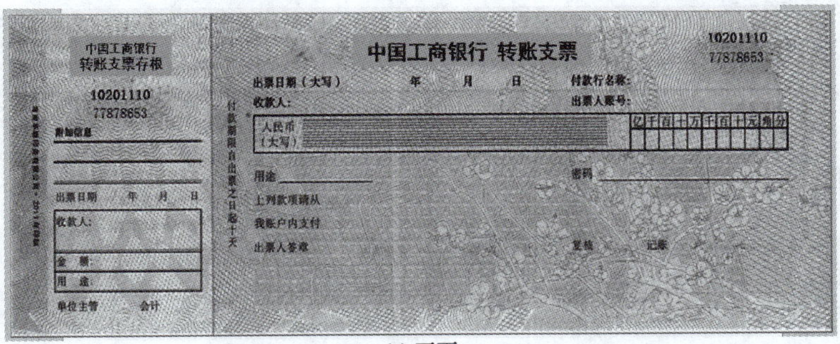

(a) 正面

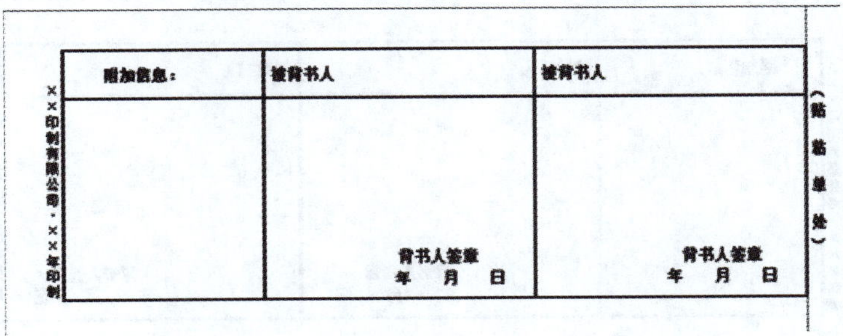

(b) 背面

图 2-19　转账支票正面与背面

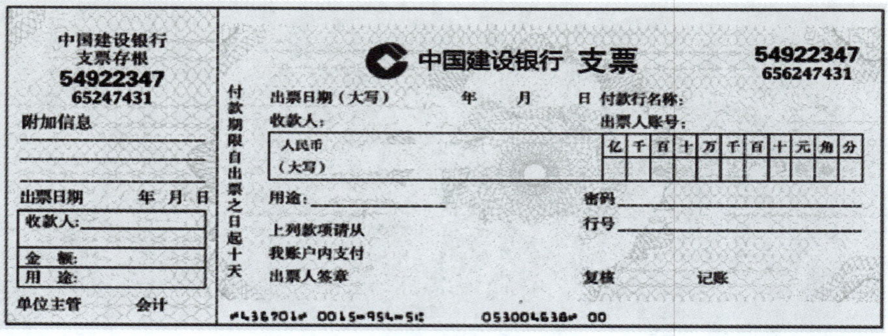

(a) 正面

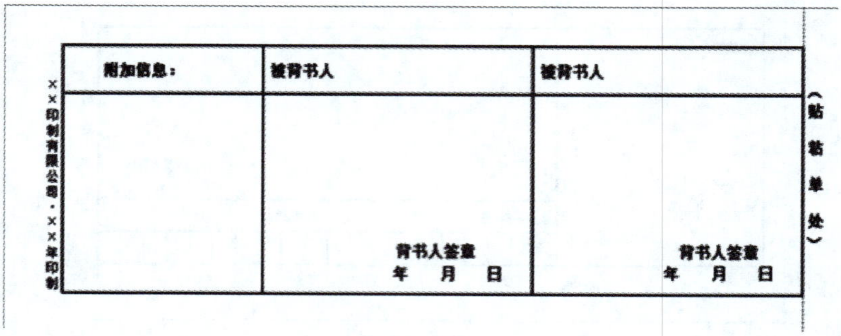

(b) 背面

图 2-20 普通支票正面与背面

若普通支票左上角划两条平行线，也可称为划线支票，此支票只可用于转账，支票样式如图 2-21 所示。

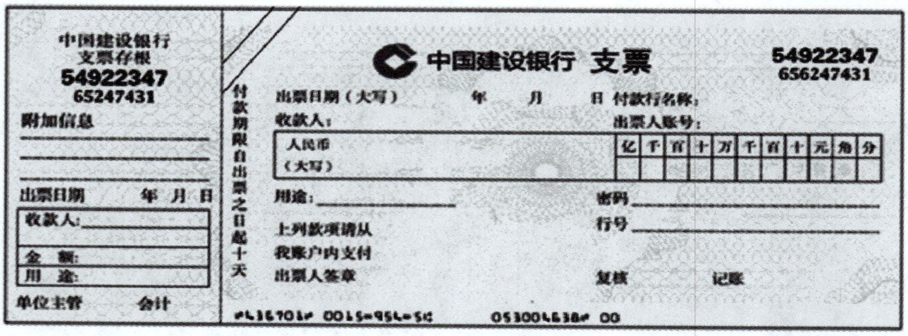

(a) 正面

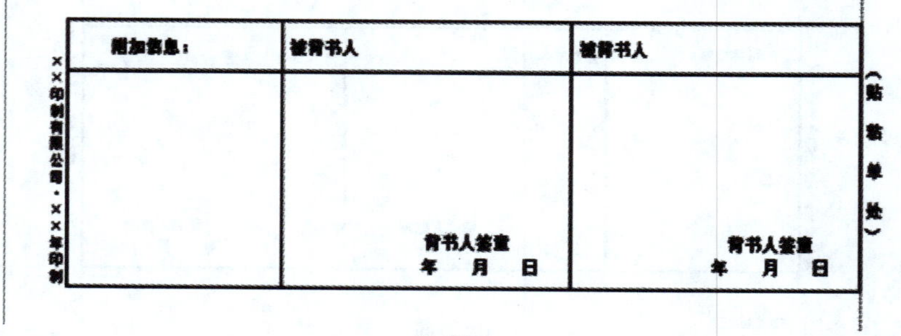

(b) 背面

图 2-21 划线普通支票正面与背面

1. 支票的使用范围

企业和个人在同一票据交换区域的各种款项结算，均可使用支票。转账支票在同一票据交换区域内可以背书转让，现金支票不得背书转让。

2. 支票的记载事项

签发支票必须记载下列事项：表面“支票”的字样；无条件支付的委托；确定的金额；付款人名称；出票日期；出票人签章。

支票上未记载上述规定的，支票无效。支票金额与收款人名称可以由出票人授权补记，未补记前不得背书转让和提示付款。

3. 支票的填写

（1）出票日期

必须使用中文大写，即：零、壹、贰、叁、肆、伍、陆、柒、捌、玖、拾。

① 月份：壹月、贰月前必须写零，叁月至玖月前零可写可不写。拾月至拾贰月必须写成壹拾月、壹拾壹月、壹拾贰月，壹拾月前必须加零。

② 日期：壹日至玖日前必须加零，拾日至拾玖日必须写成壹拾日、壹拾壹日、壹拾贰日、壹拾叁日、壹拾肆日、壹拾伍日、壹拾陆日、壹拾柒日、壹拾捌日、壹拾玖日（壹拾日前必须加“零”），贰拾日至贰拾玖日、叁拾日至叁拾玖日与壹拾日的写法一致，贰拾日与叁拾日前必须加“零”。

（2）支票金额

支票金额填写有大、小写金额之分，具体填写规则见图 2-22。

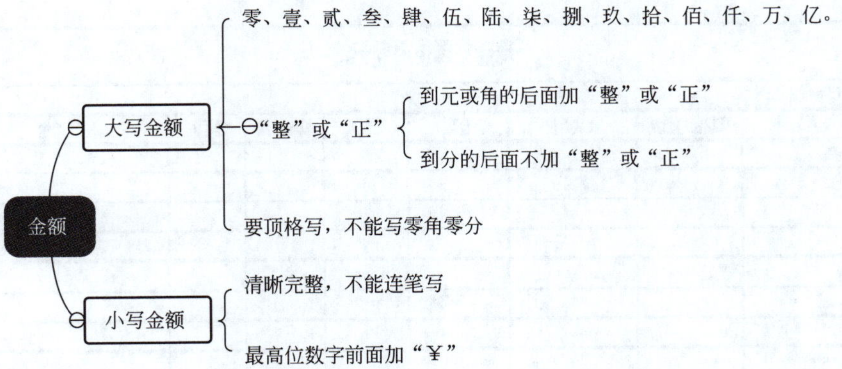

图 2-22 支票金额填写规则

（3）收款人

① 现金支票收款人写本企业名称时，需在支票背面“被背书人”栏内加盖企业财务专用章和法人章。收款人凭已盖章现金支票可直接到开户银行提取现金。

② 现金支票收款人写收款人个人姓名，收款人只需在现金支票背面填上身份证号码和发证机关名称，凭身份证和现金支票签字领款。

③ 转账支票收款人写非本企业名称。转账支票背面本企业可不盖章。收款企业取得转账支票后，在支票背面被背书栏内加盖收款企业财务专用章和法人章，填写好银行进账单后连同该支票一起交付收款企业的开户银行委托银行收款。

（4）用途

① 现金支票有一定限制，一般填写“备用金”“差旅费”“工资”等。

② 转账支票没有具体规定，一般填写“贷款”“采购款”等。

（5）签章

支票正面须盖财务专用章和法人章，缺一不可，印泥需红色，印章必须清晰，印章模糊支票作废，必须另开并重新签章。

（6）支付密码器

支付密码器由企事业单位等存款人向其开户银行购买，按银行要求签订使用协议，然后按密码器的使用说明加载账号后方可使用。只有在支票上填写的密码与银行备份的数据完全一样，银行才会支付款项。

4. 开具现金支票

（1）查询银行存款余额

开具现金支票前，出纳员首先应查询企业基本账户的存款余额，确保银行存款余额大于要取现的金额，防止开具空头支票。

（2）提出申请并填写现金支票使用登记簿

出纳员发现保险柜的现金余额不足时，需要告知财务经理或者相关领导，申请开具现金支票，并及时登记现金支票使用簿。现金支票使用簿如图 2-23 所示，所需要登记的内容包括日期、支票编码、用途、金额、领取人等，用以保证现金支票信息及时记录与跟踪。

现金支票使用登记簿

单位：xxxxxx有限公司

序号	支票编码	支票使用日期	收款单位	金额	领取人	领取日期	经手人	用途
1								
2								
3								
4								
5								
6								
7								
8								
9								
10								

图 2-23　现金支票使用登记簿

（3）填写支票

开具现金支票要注意日期、大小写金额的书写规范，字迹清晰，不得涂改。

（4）审批盖章

现金支票填好以后，必须在支票上（正反两面）盖上企业在银行的预留印鉴。盖章必须使用与预留印鉴颜色一样的印泥，印章必须清晰。

（5）生成密码并填入

一般在购买支付密码器时，都有配套的使用说明书。出纳员按照说明书要求进行操作，就可以学会支付密码器的使用方法。

上述 5 个步骤完成，一张开具完整的支票即填写完毕，如图 2-24 所示。

视频 6：开具转账支票

5. 开具转账支票

签发及办理和现金支票基本相同；现金支票不可背书转让，转账支票可以背书转让；收账手续不同，转账支票需填制银行进账单。

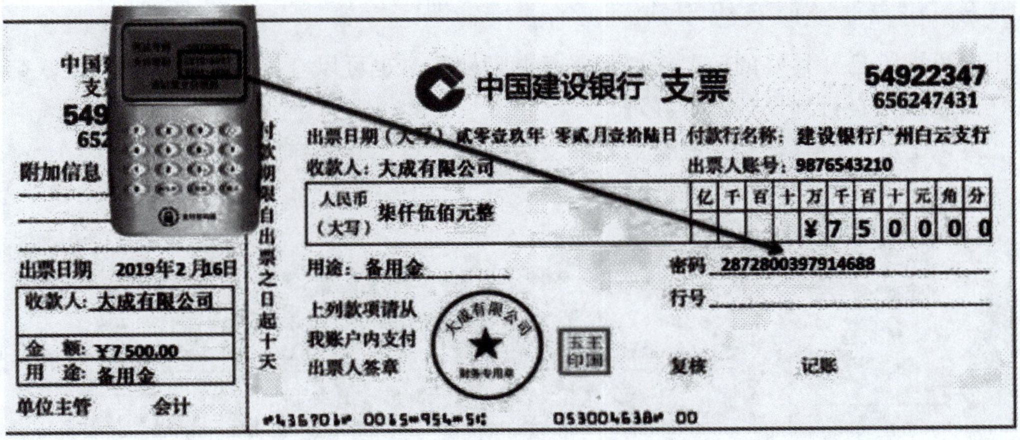

(a) 正面

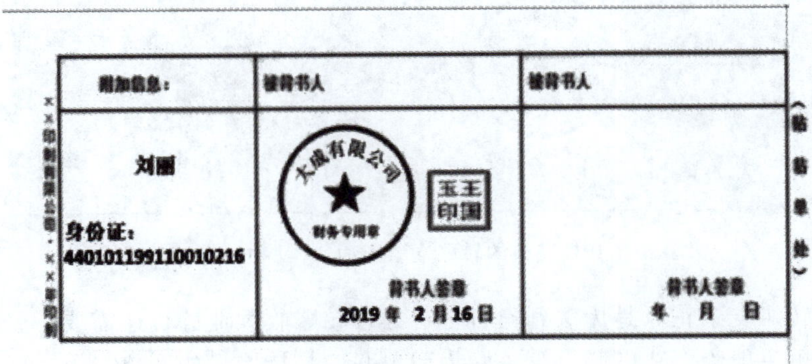

(b) 背面

图 2-24　已开具完整的提现支票

（1）查询银行存款余额

开具转账支票时必须保证企业银行账户的存款余额不小于支票的金额，防止签发空头支票。

（2）提出申请并登记转账支票使用登记簿

转账支票使用前应先在转账支票使用登记簿上登记基础信息。登记转账支票使用登记簿时，应填写支票日期、支票号码、领用人、金额、用途、备注等。

（3）填写支票

转账支票的填写与现金支票一样。

（4）审批盖章

填写完转账支票后，还需在支票正联上盖上银行预留印鉴。

（5）生成密码

每次开具转账支票时，只需按照密码器上的文字提示，输入支票类型、开票日期、金额、账号、票号即可生成密码。密码生成后，出纳要将密码填到转账支票正联的密码区内。

（6）将支票正联交给收款人或到银行转账

出纳可携带已开具好的转账支票到银行办理转账，也可以直接将转账支票的正联交给收款人，由收款人自行到银行进行办理。

经过以上 6 个步骤，一张完整的转账支票开具完毕，具体样式如图 2-25 所示。

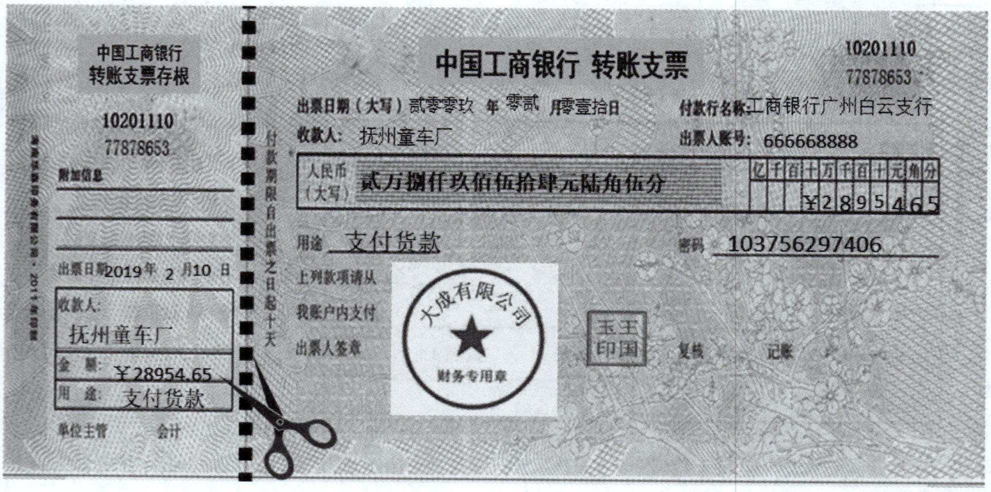

图 2-25 开具完整的转账支票正面

出纳员持已盖章的转账支票正联是无法到银行柜台办理转账收款业务，还需要一张辅助单据——进账单。进账单一般为一式三联，第一联为回单联，是持票人的回单；第二联为贷方凭证联，由收款人的开户银行留存；第三联为收账通知联，由收款人留存作为入账凭证。三联式进账单样式如图 2-26 所示。

（7）转账支票收款业务

① 在支票背面加盖预留印鉴，填好进账单。办理收款业务时，需在支票背面的背书人签章处加盖银行预留印鉴，如图 2-27 所示。

② 办理收款。首先需出纳员携带已盖章的支票到开户银行填写进账单，然后将已填写好的进账单（图 2-28），连同支票正联（图 2-29）一起交给银行柜员进行处理即可。

③ 收到进账单回单。银行审核无误后，在进账单的回单联上签章（图 2-30），然后退回出纳员，表明该项业务银行已经受理。

XXXX银行 进账单（回单）

年　月　日

出票	全称		收款	全称	
	账号			账号	

XXXX银行 进账单（贷方凭证）

年　月　日

出票人	全称		收款人	全称	
	账号			账号	
	开户银行			开户银行	

XXXX银行 进账单（收账通知）

年　月　日

出票人	全称		收款人	全称	
	账号			账号	
	开户银行			开户银行	
金额	人民币（大写）				亿 千 百 十 万 千 百 十 元 角 分
票据种类		票据张数			
票据号码					
复核　记账					收款人开户银行签章

图 2-26　银行进账单

××印制有限公司·××年印制

附加信息：	被背书人	被背书人
	天一公司财务专用章　周成 背书人签章 2019年2月21日	背书人签章 年　月　日

（贴粘单处）

图 2-27　加盖预留印鉴的支票背面

XXXX银行 进账单（回单）

2019年2月22日

出票人	全称	宏达有限公司	收款人	全称	天一公司
	账号	4455667788		账号	79654531
	开户银行	工商银行解放路支行		开户银行	工商银行恒福路支行
金额	人民币（大写）	肆拾万元整			亿 千 百 十 万 千 百 十 元 角 分 ¥ 4 0 0 0 0 0 0 0
票据种类	普通支票	票据张数	壹张		
票据号码	77878653				
复核　记账					开户银行签章

图 2-28　填写完毕的进账单

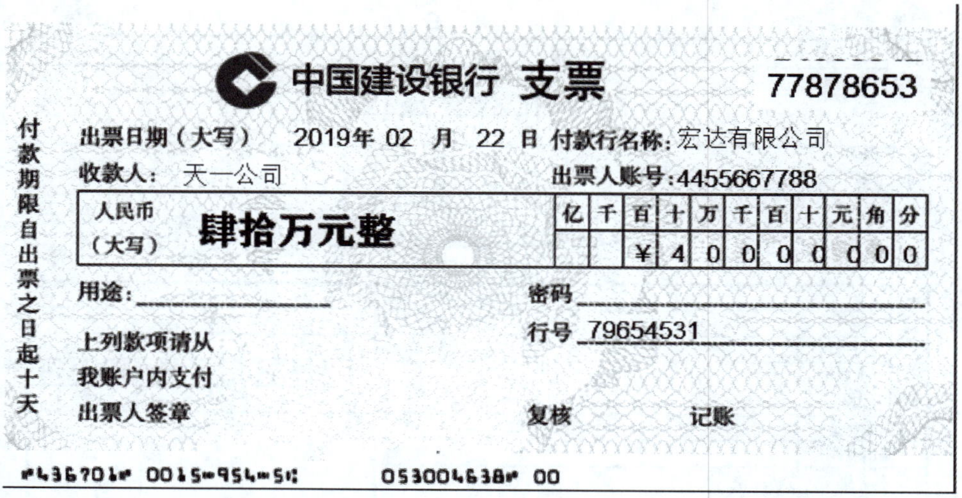

中国建设银行 支票　77878653

付款期限自出票之日起十天

出票日期（大写） 2019年 02 月 22 日 付款行名称：宏达有限公司

收款人：天一公司　出票人账号：4455667788

人民币（大写）	肆拾万元整	亿	千	百	十	万	千	百	十	元	角	分
				¥	4	0	0	0	0	0	0	0

用途：　密码

上列款项请从我账户内支付　行号 79654531

出票人签章　复核　记账

⑈436701⑈ 0015⑆954⑆5⑈　053004638⑈ 00

图 2-29　支票正联

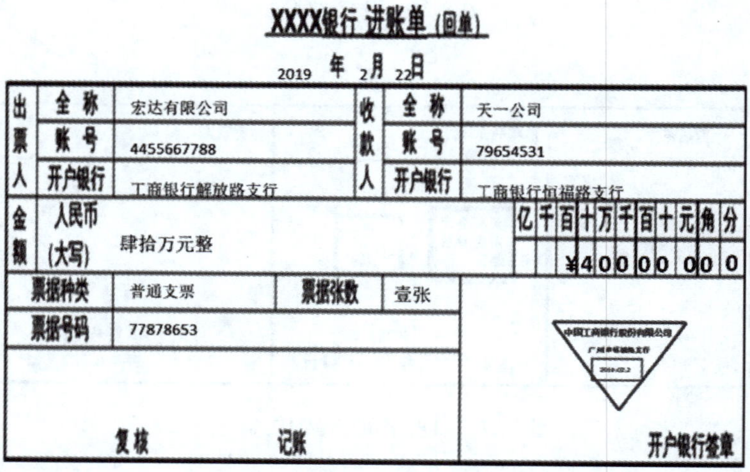

XXXX银行 进账单（回单）

2019 年 2月 22日

出票人	全称	宏达有限公司	收款人	全称	天一公司
	账号	4455667788		账号	79654531
	开户银行	工商银行解放路支行		开户银行	工商银行恒福路支行
金额	人民币（大写）	肆拾万元整		亿千百十万千百十元角分	¥40000000
票据种类	普通支票	票据张数	壹张		
票据号码	77878653				
复核　记账			开户银行签章		

图 2-30　进账单（回单联）

三、认识银行本票

银行本票是由本票申请人将票款存入银行，由银行签发给申请人用于支付结算，并保证在签发后 2 个月内见到本票无条件付款的票据。银行本票适用于同城范围内的商品交易、劳务供应已经其他款项的结算。

1. 银行本票的申请

银行本票申请流程如图 2-31 所示。

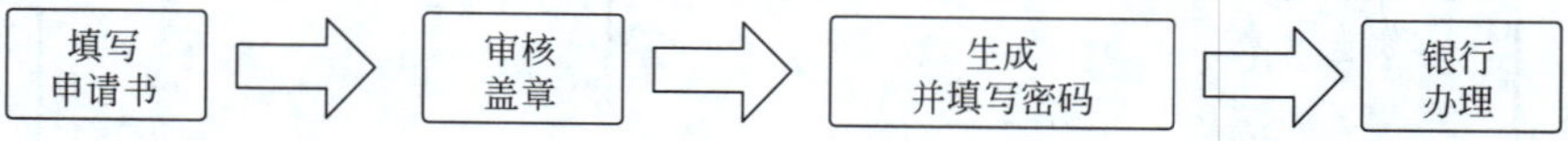

图 2-31　银行本票的申请流程

（1）填写申请书

出纳员申请银行本票，首先要填写银行本票申请书。银行本票申请书见图 2-32。

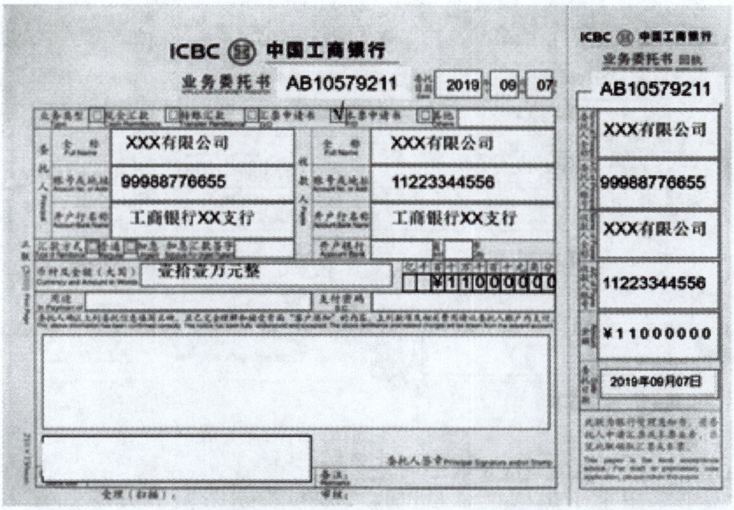

ICBC 中国工商银行
业务委托书 AB10579211
2019 年 09 月 07 日

	委托人		收款人
全称	XXX有限公司	全称	XXX有限公司
账号或地址	99988776655	账号或地址	11223344556
开户行名称	工商银行XX支行	开户行名称	工商银行XX支行

币种及金额（大写）：壹拾壹万元整　¥11000000

用途　　支付密码

委托人签章

ICBC 中国工商银行 业务委托书 回执
AB10579211
XXX有限公司
99988776655
XXX有限公司
11223344556
¥11000000
2019年09月07日

图 2-32　银行本票申请书

（2）审核盖章

银行本票申请书填写完成后，还应该对申请书加盖银行预留印鉴。加盖印鉴的本票申请书见图 2-33。

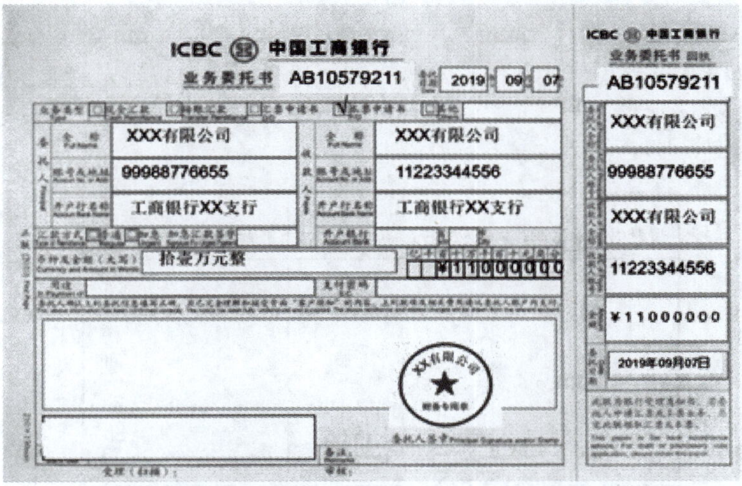

ICBC 中国工商银行
业务委托书 AB10579211
2019 年 09 月 07 日

	委托人		收款人
全称	XXX有限公司	全称	XXX有限公司
账号或地址	99988776655	账号或地址	11223344556
开户行名称	工商银行XX支行	开户行名称	工商银行XX支行

币种及金额（大写）：拾壹万元整　¥11000000

用途　　支付密码

XX有限公司 财务专用章

委托人签章

ICBC 中国工商银行 业务委托书 回执
AB10579211
XXX有限公司
99988776655
XXX有限公司
11223344556
¥11000000
2019年09月07日

图 2-33　加盖印鉴的本票申请书

（3）生成密码

银行本票支付密码器操作方法与支票一样，将日期、凭证号码及金额输入并确认无误后，将生成的密码填到支付密码区内。已填入支付密码的本票申请书见图 2-34。

（4）银行受理申请

出纳员办理完申请书的填写、盖章手续后，就可以将银行本票申请书提交给银行办理

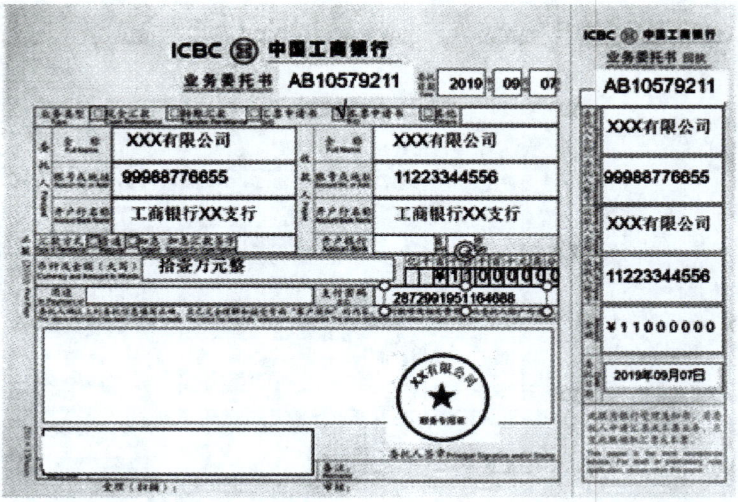

图 2-34　填入支付密码的本票申请书

了。银行柜员根据本票申请书上的信息直接打印银行本票给出纳员，出纳员须在银行本票的卡片联上加盖银行预留印鉴。

2. 收到银行本票

（1）审核银行本票

出纳员收到银行本票，首先要审核银行本票，确认审核无误后，就可以到银行提示付款、办理收款，也可以进行背书转让。

（2）提示付款

出纳员向银行提示付款，需在银行本票背面“持票人向银行提示付款签章”处加盖银行预留印鉴，见图 2-35 所示。

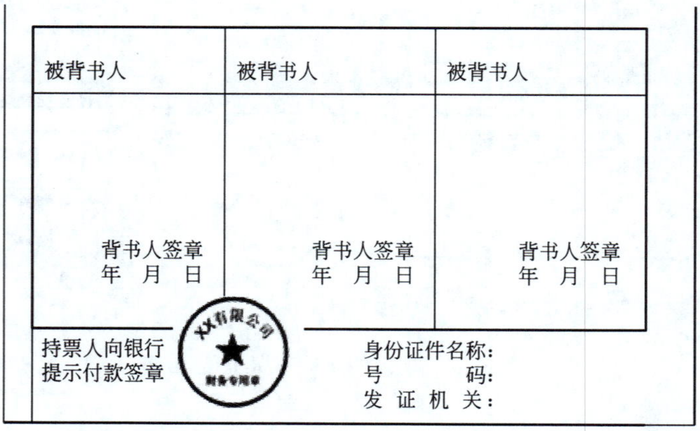

图 2-35　加盖银行预留印鉴的银行本票背面

（3）填写进账单

出纳员根据银行本票的信息填写进账单，再将银行本票连同进账单一并提交给银行。银行审核无误后，将加盖银行印章的进账单回单交给出纳员，提示付款业务结束，但款项到账还需要一定的时间。

四、认识银行汇票

银行汇票是汇款人将款项交存当地银行，由银行签发给汇款人，汇款人持票办理转账或现金支取业务的一种银行结算票据。银行汇票基本用于异地结算，多适用于单位及个人之间各种款项的支付。

银行汇票为一式四联的票据。第一联为卡片联，由银行保留；第二联为汇票正联，用于支付结算；第三联为解讫通知，收款人拿到银行进账单后由收款银行保留；第四联为多余款收账通知，签发银行结清款项后交回给汇款人。

1. 银行汇票的申请

银行汇票申请流程如图 2-36 所示。

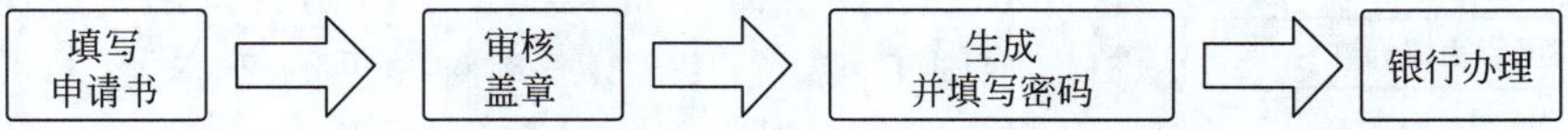

图 2-36　银行汇票的申请流程

（1）填写银行汇票申请书

填写的内容包括申请日期、业务类型、申请人及收款人名称、账号、开户行、金额、附加信息及用途。

（2）审核盖章

银行汇票申请书填写完成后，还应该对申请书加盖银行预留印鉴。

（3）生成密码

银行汇票生成的密码与银行本票操作过程一样，将生成的密码填到支付密码区内即可。

（4）签发银行汇票

申请人带上银行汇票申请书去银行柜台办理，柜台人员收到银行汇票申请书时，审核申请书上的信息无误后，将从申请人账户上直接划扣汇票款，并按申请书上的内容据以签发银行汇票。银行签发完毕，申请人将收到的银行汇票正联、银行汇票（解讫通知）、银行汇票申请书以及工本费单据。

2. 办理进账业务

出纳收到付款人开出的银行汇票正联、解讫通知，持票到银行办理进账业务时，需在银行汇票正联的背面“持票人向银行提示付款签章”处加盖银行预留印鉴，一并填写进账单交给付款行办理进账业务。

3. 银行汇票背书

背书转让时转让票据权利的背书行为。背书转让需在银行汇票正联背面“被背书人”处填写被背书人的名称，并在“背书人签章”的方框内加盖背书人的银行预留印鉴，并不需要对银行汇票第三联做额外处理，然后背书人将银行汇票的第二联、第三联（解讫通知）交给被背书人即可。

实训 6 网上支付

一、企业网上支付申请

网上支付的申请一般向所属开户银行申请开通即可。以中国工商银行网上支付为例，中国工商银行网上支付开通流程见图 2-37。

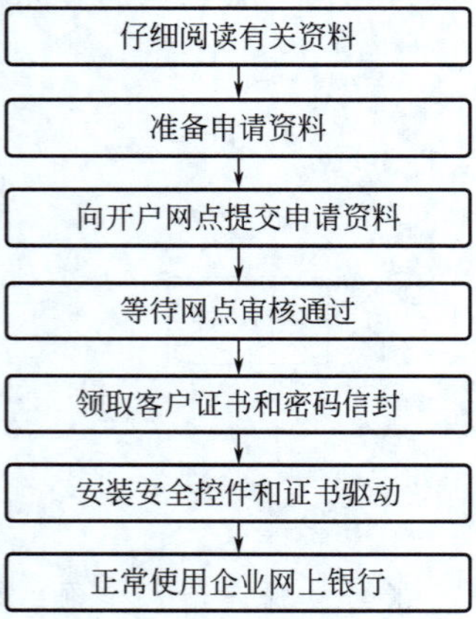

图 2-37 中国工商银行网上支付开通流程

二、网上银行登录

① 将证书介质插入电脑，如果是卡片式介质，请插入网银证书专用读卡器；如果是 U 盾，请直接插入电脑的 U 盘插口。中国工商银行 USBKEY 种类见图 2-38。

② 登录中国工商银行门户网站，在门户网站页面点击左上方用户登录区的企业网上银行登录，进入登录页面。操作见图 2-39。

③ 在登录页面中点击企业网上银行登录，操作见图 2-40。

④ 跳出证书密码输入窗口，填入 USBKEY 密码。证书密码输入窗口见图 2-41。

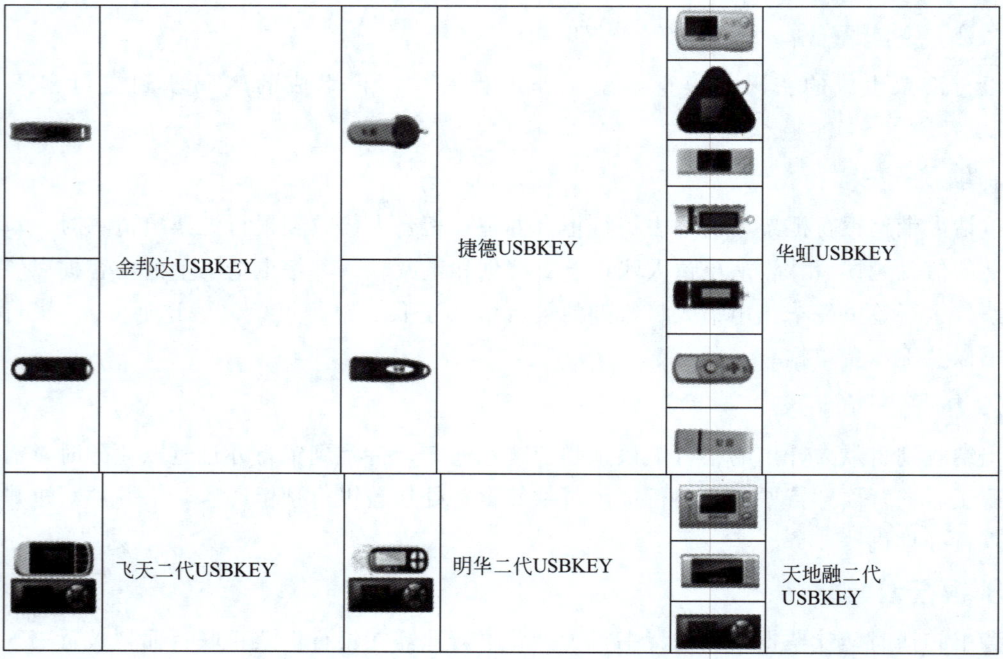

图 2-38 中国工商银行 USBKEY 种类

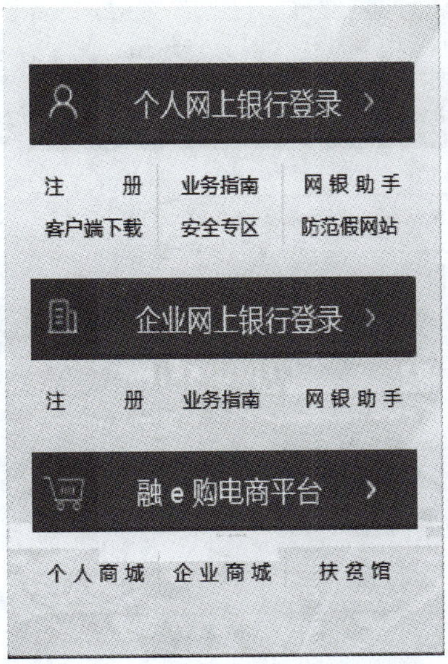

图 2-39　登录网上银行界面

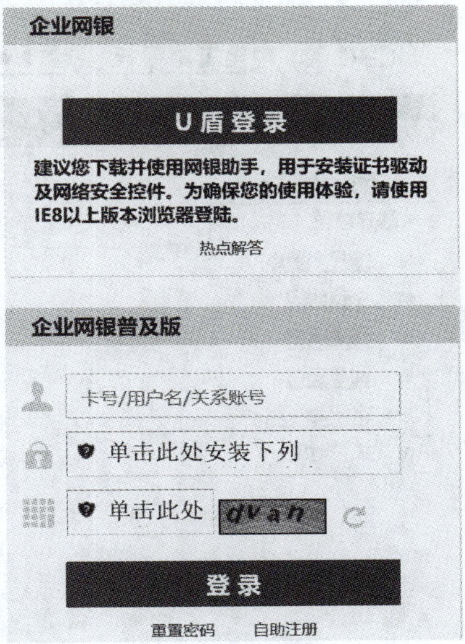

图 2-40　企业网上银行登录界面

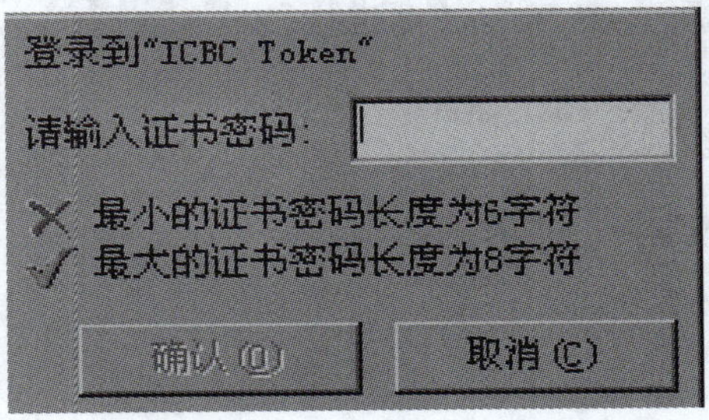

图 2-41　证书密码输入窗口

⑤ 输入密码并按确定进入企业网上银行。企业网上银行登录成功界面见图 2-42。

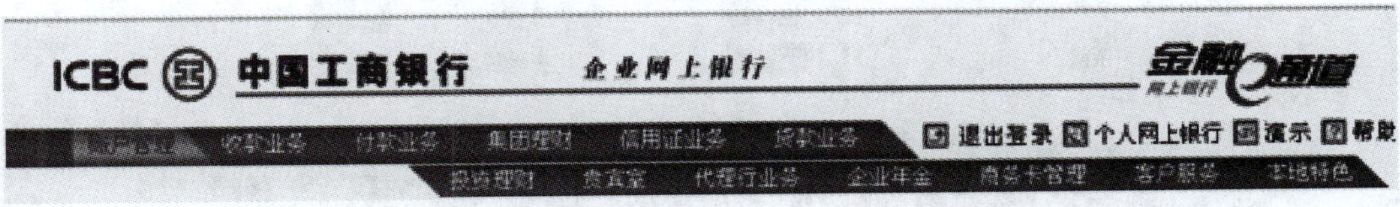

图 2-42　企业网上银行登录成功界面

三、账户余额查询

首先登录余额查询界面，如图 2-43 所示界面。

集团客户（有两个或以上分支机构网银客户）鼠标点击上图中“账户余额”，跳出余额查询页面，点击“展开”按钮，根据需要对查询的账户前面打钩并点击“提交”按钮，跳出以下页面（单一分支机构网银客户点击账户余额后直接跳出图 2-44）：

点击查询所有账户余额后面的“查询”按钮，跳出余额查询完成页面（如图 2-45）：

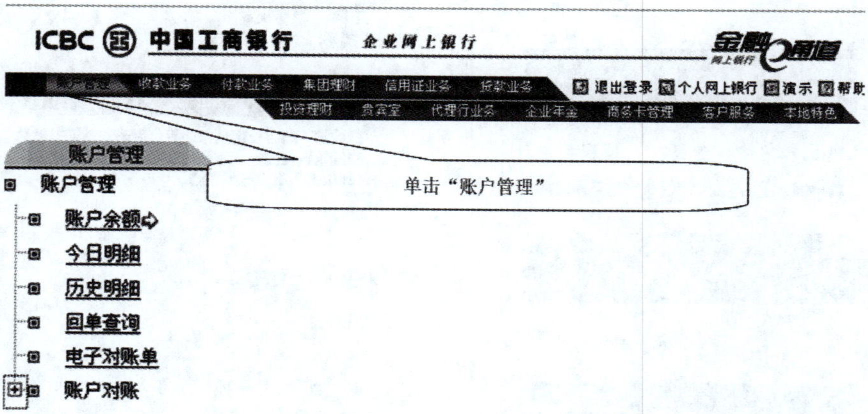

图 2-43　账户余额查询界面（一）

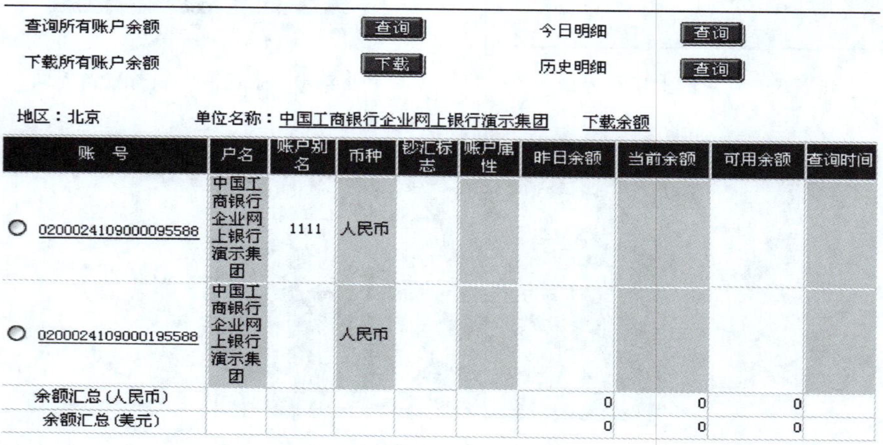

图 2-44　账户余额查询界面（二）

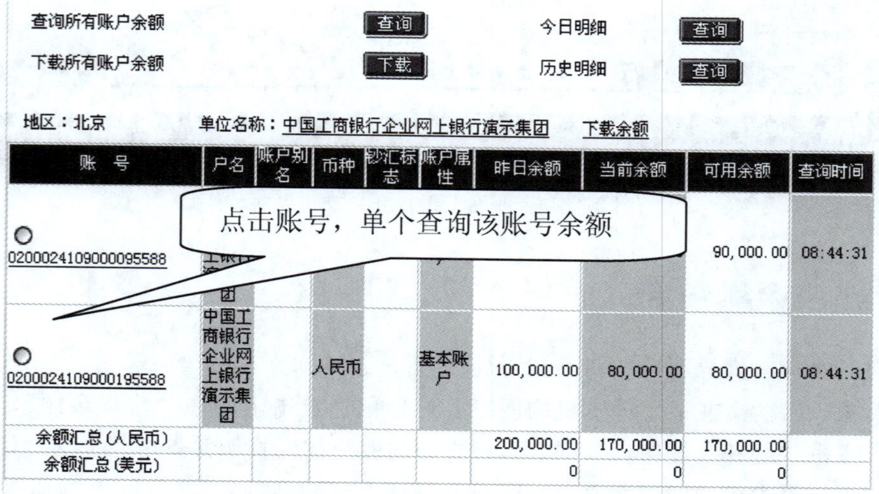

图 2-45　余额查询完成界面

四、回单查询

1. 电子回单申请

首先在今日明细或历史明细中申请电子回单。申请流程如下。

在今日明细或历史明细页面中点击某笔需申请回单明细后面的“回单”按钮，跳出图 2-46 回单申请界面。

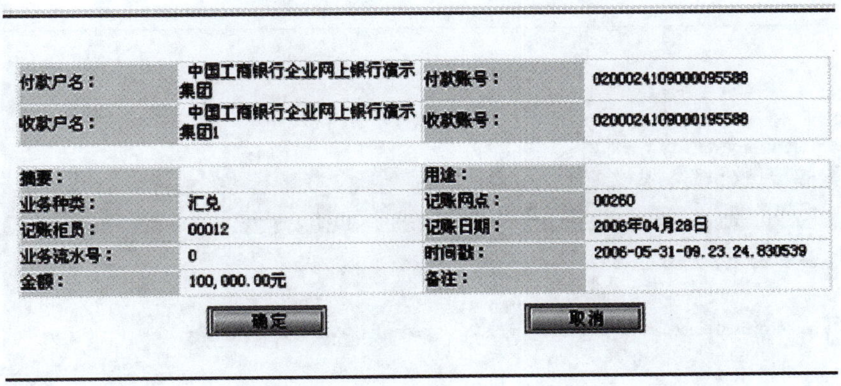

付款户名：	中国工商银行企业网上银行演示集团	付款账号：	0200024109000095588
收款户名：	中国工商银行企业网上银行演示集团1	收款账号：	0200024109000195588
摘要：		用途：	
业务种类：	汇兑	记账网点：	00260
记账柜员：	00012	记账日期：	2006年04月28日
业务流水号：	0	时间戳：	2006-05-31-09.23.24.830539
金额：	100,000.00元	备注：	

确定　取消

图 2-46　回单申请界面

在图 2-46 中点击确定按钮，跳出图 2-47 回单申请成功界面。

在图 2-47 页面点击确定按钮，跳出电子回单查看及打印页面（图 2-48），至此回单申请完成。

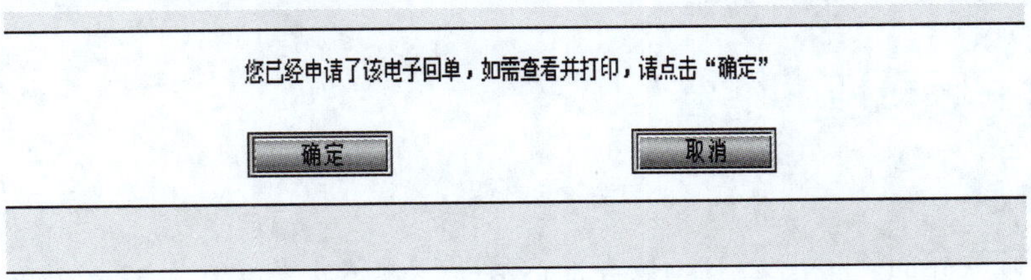

您已经申请了该电子回单，如需查看并打印，请点击“确定”

确定　取消

图 2-47　回单申请成功界面

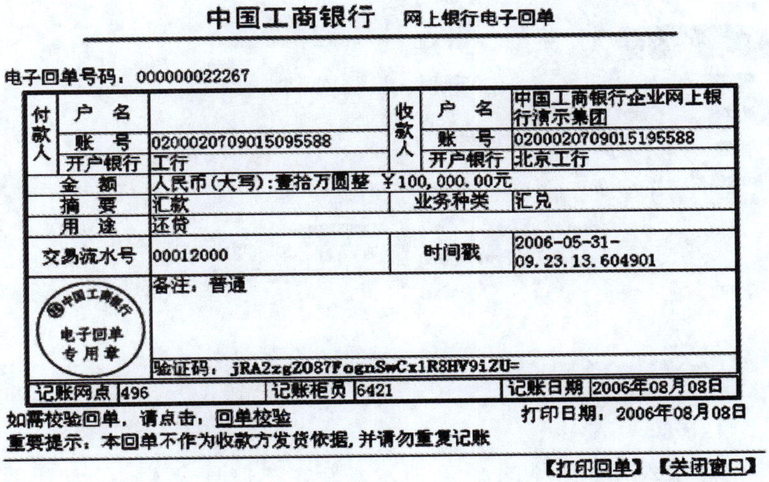

中国工商银行　网上银行电子回单

电子回单号码：000000022267

付款人	户名		收款人	户名	中国工商银行企业网上银行演示集团
	账号	0200020709015095588		账号	0200020709015195588
	开户银行	工行		开户银行	北京工行
金额		人民币(大写):壹拾万圆整 ￥100,000.00元			
摘要		汇款	业务种类		汇兑
用途		还贷			
交易流水号		00012000	时间戳		2006-05-31-09.23.13.604901
中国工商银行 电子回单 专用章		备注：普通 验证码：jRA2zgZO87FognSwCx1R8HV9iZU=			
记账网点 496		记账柜员 6421		记账日期	2006年08月08日

如需校验回单，请点击：回单校验　　打印日期：2006年08月08日

重要提示：本回单不作为收款方发货依据，并请勿重复记账

【打印回单】【关闭窗口】

图 2-48　网上银行电子回单查看

2. 回单查询申请

点击“账户管理”下面回单查询按钮，跳出图 2-49 回单查询条件界面。

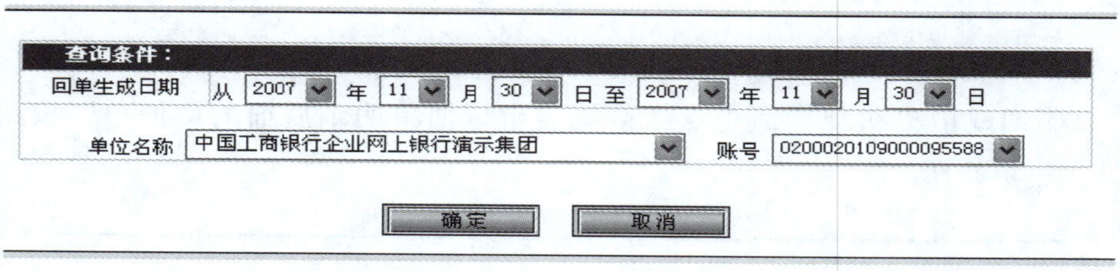

图 2-49 回单查询条件界面

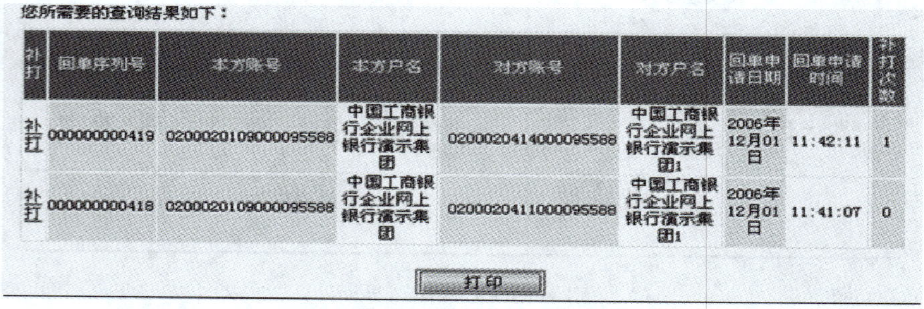

您所需要的查询结果如下：

补打	回单序列号	本方账号	本方户名	对方账号	对方户名	回单申请日期	回单申请时间	补打次数
补打	000000000419	0200020109000095588	中国工商银行企业网上银行演示集团	0200020414000095588	中国工商银行企业网上银行演示集团1	2006年12月01日	11:42:11	1
补打	000000000418	0200020109000095588	中国工商银行企业网上银行演示集团	0200020411000095588	中国工商银行企业网上银行演示集团1	2006年12月01日	11:41:07	0

打印

图 2-50 回单查询结果界面

根据需要在图 2-49 中选择起止日期及单位名称、账号，按确定按钮，跳出图 2-50 回单查询结果界面：

五、网上支付业务结算

1. 逐笔支付

进入汇款付款界面，见图 2-51，按界面内容提示填入汇款单位与收款单位信息。

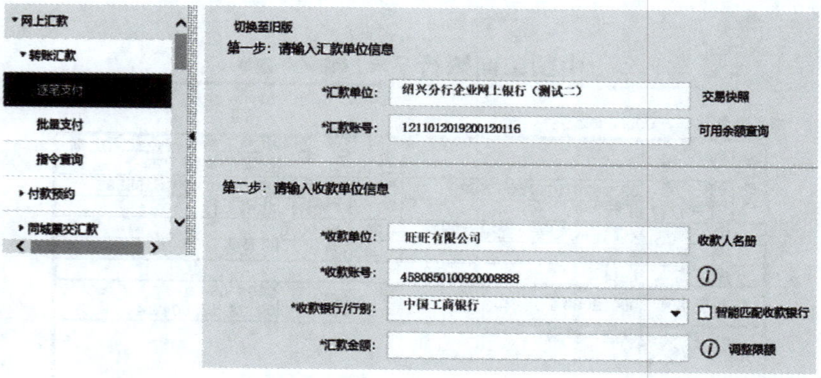

图 2-51 汇款付款界面

2. 逐笔行内付款

登录新客户信息录入界面，见图 2-52 所示。新客户信息录入时，如果收款人开户行是中国工商银行，在收款银行选择中国工商银行。

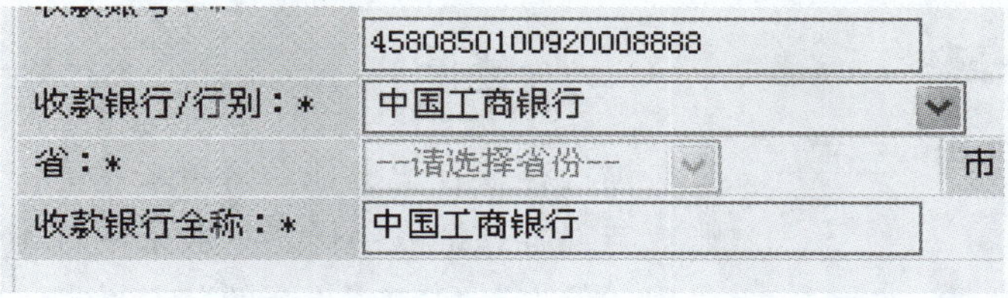

图 2-52　新客户信息录入界面

3. 逐笔跨行汇款

如果是跨行汇款，需要在第二步向个人账户汇款处选择否，同时在图 2-53 界面中第二项中先选择省市。然后在图 2-54 所示界面中输入收款行全称，并根据实际情况输入付款金额，选择汇款方式及用途，如还有信息需要随指令发送可以输入备注。

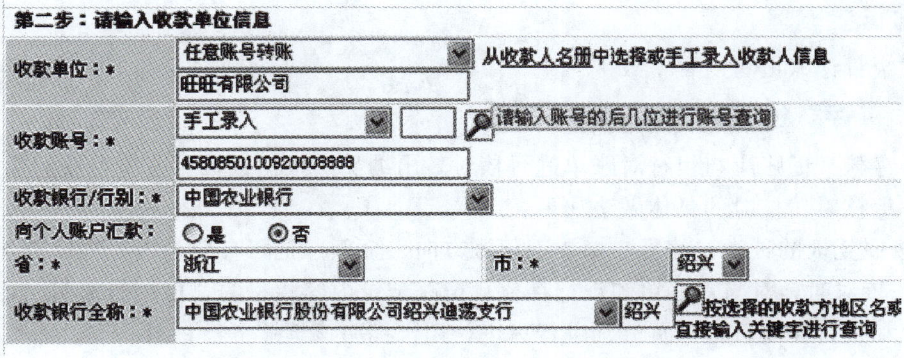

图 2-53　跨行汇款收款单位信息填入界面

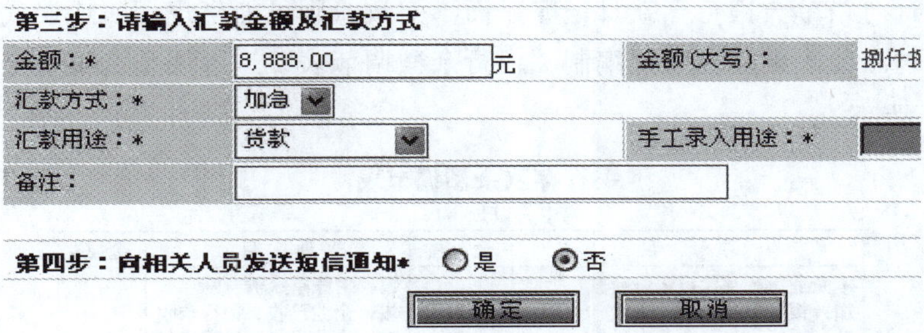

图 2-54　逐笔跨行汇款操作界面

全部信息录入完毕后，请按上图中的“确定”按钮，付款操作结束。

实训 7　银行存款的会计处理

一、银行存款账户设置

银行存款科目核算企业的银行存款变动状况。“银行存款”账户结构如图 2-55 所示。

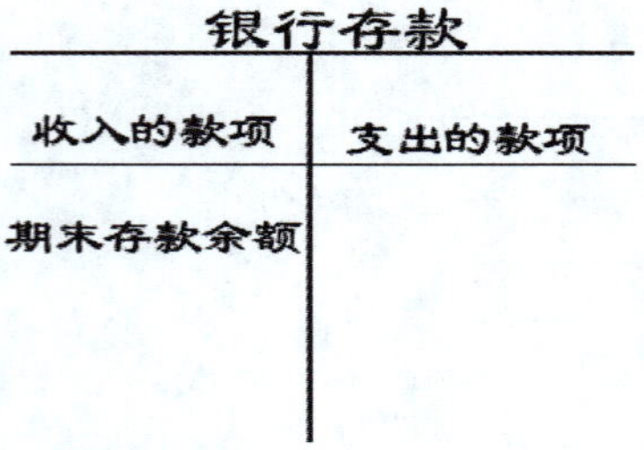

图 2-55 “银行存款”账户结构

二、登记银行存款日记账

银行存款日记账是专门用来登记银行存款业务的日记账，与现金日记账一样，一般采用订本式账簿，账页格式采用“借方”“贷方”“余额”三栏式。

1. 登记内容

① 日期栏：业务实际发生的时间。

② 摘要栏：简要说明业务主要内容。

③ 借方金额栏：登记现金增加的金额。

④ 贷方金额栏：登记现金减少的金额。

⑤ 余额栏：登记现金的余额。

2. 登记要求

与现金日记账填写内容一致。

3. 银行存款日记账的核对

银行存款日记账应与银行对账单进行核对。出纳员应根据银行对账单，按照业务发生顺序一笔一笔核对。核对的具体做法如下：

① 按照凭证的种类、编号、摘要、记账方向、金额、记账日期等内容进行逐项核对。

② 在核对时，对与对账单和银行存款日记账记录内容相符的，可用铅笔打“√”，在银行对账单和银行存款日记账页分别进行标识，用来标明该笔业务已核对一致。

三、编制银行余额调节表

若出现银行对账单与银行存款日记账账面不一致，则可能出现记账错误或者出现未达账项。如出现未达账项，则需要通过编制“银行余额调节表”进行调整，银行存款余额调节表格式如图 2-56 所示。

银行存款余额调节表

年 月 日 单位：元

项　目	金　额	项　目	金　额
本企业银行存款日记账余额 加：银行已收，企业未收 减：银行已付，企业未付		银行对账单余额 加：企业已收，银行未收 减：企业已付，银行未付	
调节后存款余额		调节后存款余额	

图 2-56 银行存款余额调节表

（1）企业已经入账，银行尚未入账的款项

① 企业存入银行的款项，企业已记为银行存款增加，而银行尚未办理入账手续。

② 企业开出转账支票或其他付款凭证，企业已记银行存款减少，而银行尚未支付入账。

（2）银行已经入账，企业尚未入账的款项

① 银行代企业收取的款项已收妥入账，银行已记作企业存款增加，而企业尚未收到收款通知，尚未记账的款项。

② 银行代企业划付的款项已经划出并记账，银行已记作企业存款减少，而企业尚未接

到付款通知，尚未记账的款项。

实训 8　发票业务处理

发票是指企业在购销商品，提供或者接受服务以及从事其他经营活动中，开具、收取的收付款的书面证明。企业、个人在购销商品，提供或者接受经营服务以及从事其他经营活动中，应当按照规定开具、使用、取得发票。

一、发票的种类

发票包括增值税专用发票、增值税普通发票、机动车销售统一发票、二手车销售统一发票和货物运输业增值税专用发票五种。

1. 增值税专用发票

增值税专用发票是增值税一般纳税人销售货物或者提供应税劳务开具的发票，是购买方支付增值税额并可按照增值税有关规定据以抵扣增值税进项税额的凭证。增值税专用发票见图 2-57 所示，只限于增值税一般纳税人领购使用，增值税小规模纳税人不得领购使用。

专用发票的基本联次为三联：发票联、抵扣联和记账联。发票联，作为购买方核算采购成本和增值税进项税额的记账凭证；抵扣联，作为购买方报送主管税务机关认证和留存备查的凭证；记账联，作为销售方核算销售收入和增值税销项税额的记账凭证。

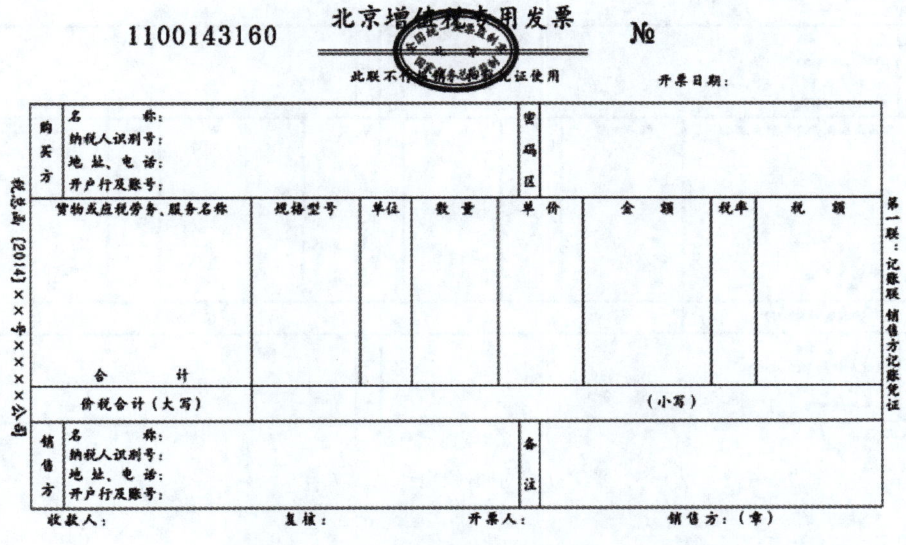
1100143160　北京增值税专用发票　№

此联不作报销、扣税凭证使用　开票日期：

购买方	名　称： 纳税人识别号： 地 址、电 话： 开户行及账号：				密码区		
货物或应税劳务、服务名称	规格型号	单位	数 量	单 价	金 额	税率	税 额
合　计							
价税合计（大写）				（小写）			
销售方	名　称： 纳税人识别号： 地 址、电 话： 开户行及账号：				备注		

收款人：　复核：　开票人：　销售方：（章）

税总函［2014］××号××××公司

第一联：记账联　销售方记账凭证

图 2-57　增值税专用发票

2. 增值税普通发票

增值税普通发票（含电子普通发票、卷式发票、通行费发票）是增值税纳税人销售货物或者提供应税劳务、服务时，通过增值税税控系统开具的普通发票。

视频 7：开具增值税发票

增值税普通发票分为二联票和五联票，第一联：记账联，销货方记账凭证；第二联：发票联，购货方扣税凭证；第三联至第五联由发票使用单位自行安排使用。增值税普通发票样式见图 2-58 所示，增值税电子普通发票样式见图 2-59 所示。

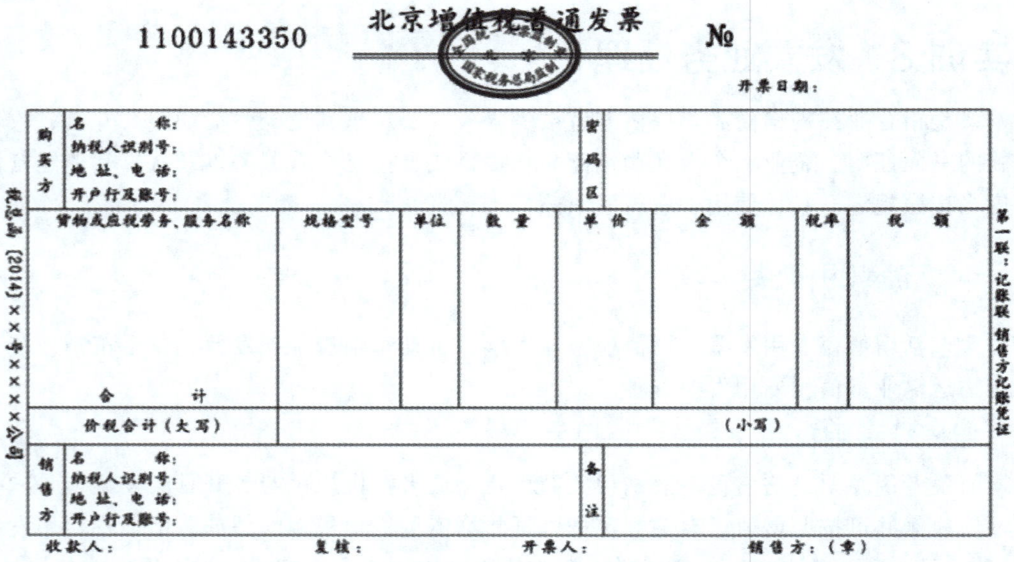
1100143350　　北京增值税普通发票　　№

开票日期：

购买方	名称： 纳税人识别号： 地址、电话： 开户行及账号：					密码区		
货物或应税劳务、服务名称	规格型号	单位	数量	单价	金额	税率	税额	
合计								
价税合计（大写）					（小写）			
销售方	名称： 纳税人识别号： 地址、电话： 开户行及账号：					备注		

收款人：　　复核：　　开票人：　　销售方：（章）

税总函〔2014〕××号××××公司

第一联：记账联　销售方记账凭证

图 2-58　增值税普通发票

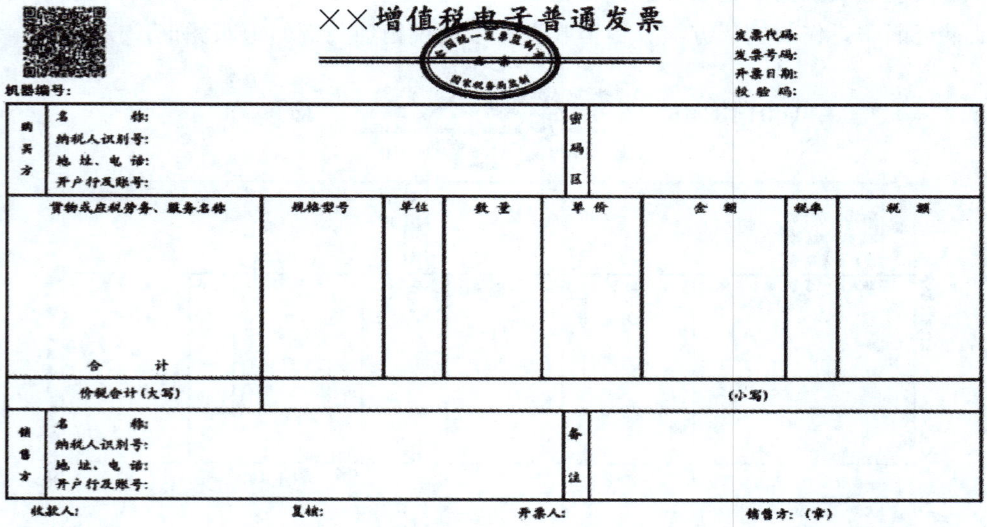
××增值税电子普通发票

机器编号：

发票代码：
发票号码：
开票日期：
校验码：

购买方	名称： 纳税人识别号： 地址、电话： 开户行及账号：					密码区		
货物或应税劳务、服务名称	规格型号	单位	数量	单价	金额	税率	税额	
合计								
价税合计（大写）					（小写）			
销售方	名称： 纳税人识别号： 地址、电话： 开户行及账号：					备注		

收款人：　　复核：　　开票人：　　销售方：（章）

图 2-59　增值税电子普通发票

3. 机动车销售统一发票

凡从事机动车零售业务的单位和个人，从 2006 年 8 月 1 日起，在销售机动车（不包括销售旧机动车）收取款项时开具的发票。

机动车销售统一发票为电子六联式发票。即第一联发票联（购货单位付款凭证），第二联抵扣联（购货单位扣税凭证），第三联报税联（车购税征收单位留存），第四联注册登记联（车辆登记单位留存），第五联记账联（销货单位记账凭证），第六联存根联（销货单位留存）。第一联印色为棕色，第二联印色为绿色，第三联印色为紫色，第四联印色为蓝色，第五联印色为红色，第六联印色为黑色。发票代码、发票号码印色为黑色。

4. 二手车销售统一发票

二手车经销企业、经纪机构和拍卖企业，在销售、中介和拍卖二手车收取款项时，通过开票软件开具的发票。

二手车发票为一式五联电子票。电子票第一联为发票联，印色为棕色；第二联为转移登记联（公安车辆管理部门留存），印色为蓝色；第三联为出入库联，印色为紫色；第四联为记账联，印色为红色；第五联为存根联，印色为黑色。

5. 货物运输业增值税专用发票

增值税一般纳税人提供货物运输服务（暂不包括铁路运输服务）开具的专用发票。货物运输业增值税专用发票分为三联票和六联票。第一联：记账联，承运人记账凭证；第二联：抵扣联，受票方扣税凭证；第三联：发票联，受票方记账凭证；第四联至第六联由发票使用单位自行安排使用。

二、增值税专用发票真伪识别方法

1. 光角变色圆环纤维

防伪纤维的物理形态呈圆环状随机分布在发票的发票联、抵扣联和记账联专用纸张中，在自然光下观察与普通纸张基本相同，在紫外光照射下，圆环靠近光源的半圆环为红色，远离光源的半圆环为黄绿色。光角变色圆环纤维防伪效果见图 2-60 所示。

图 2-60　防伪效果

2. 造纸防伪线

在发票的发票联、抵扣联和记账联专用纸张中含有造纸防伪线，在日光下对光观察防伪线呈现黑色线状水印，在紫外光照射下，为红蓝荧光点形成的条状荧光带。造纸防伪线防伪特征见图 2-61 所示。

图 2-61　造纸防伪线防伪特征

3. 防伪油墨颜色

发票各联次左上方的发票代码使用防伪油墨印制，使用白纸摩擦票面的发票代码区域，在白纸表面以及地区代码的摩擦区域均会产生红色擦痕。防伪油墨特征见图 2-62 所示。

发票代码图案原色	原色摩擦可产生红色擦痕
4600143160	4600143160

图 2-62　防伪油墨特征

4. 专用异型号码

发票各联次右上方的发票号码为专用异型号码，通过目视识别字体为专用异型变化字体。专用异型号码防伪特征见图 2-63 所示。

9876543210

图 2-63　专用异型号码防伪特征

5. 复合信息防伪

使用复合防特征检验仪检测，对通过检测的发票，检验仪自动发出复合信息防伪特征验证通过的语音提示。用防伪检测仪检查防伪标识见图 2-64 所示。

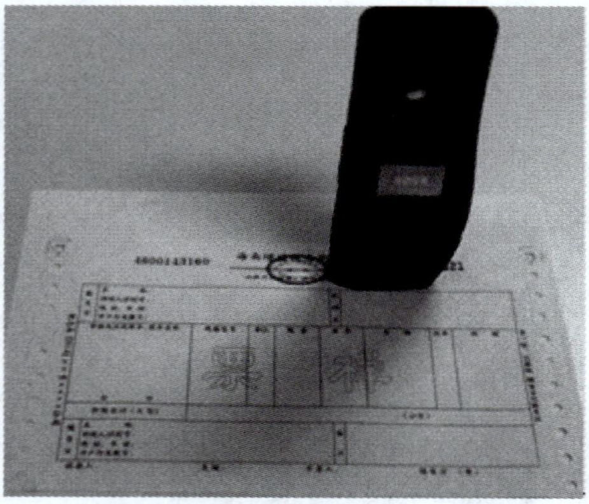

图 2-64　防伪检测仪检查

三、发票的真伪查验方法介绍

增值税电子普通发票的真伪查询方法一般有两种：一种是在国家税务总局网站查询电子发票真伪；另一种是利用手机微信“发票查验”功能，通过电子发票二维码扫码进行鉴别。

1. 二维码扫描鉴别法

首先介绍较为便利的二维码扫码鉴别方法。以图 2-65 增值税电子普通发票为例，进行二维码扫码查验介绍。

打开手机微信扫一扫对电子发票的二维码进行扫描，就可以通过微信发票助手功能即时进行发票查验。查验结果如图 2-66 所示。

2. 官网发票查验平台查验

在国家税务总局全国增值税发票查验平台，可以对增值税专用发票、增值税普通发票（含电子普通发票及通行费发票、卷式发票）、货物运输业增值税专用发票、机动车销售统一发票（含二手车）进行查验。

发票查验平台操作步骤如下：

首先，登录浏览器输入发票查验平台的网址（https：//inv-veri. chinatax. gov. cn），首页显示如图 2-67 所示。

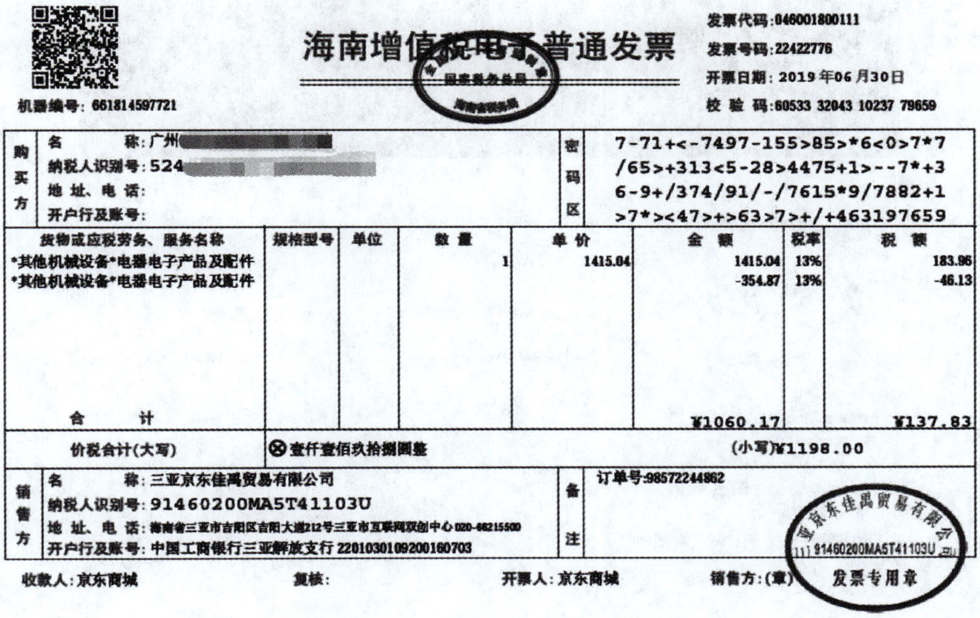
海南增值税电子普通发票
发票代码:046001800111
发票号码:22422776
开票日期:2019年06月30日
校 验 码:60533 32043 10237 79659
机器编号:661814597721
购买方 名 称:广州[redacted]
纳税人识别号:524[redacted]
地 址、电 话:
开户行及账号:
密码区 7-71+<-7497-155>85>*6<0>7*7
/65>+313<5-28>4475+1>--7*+3
6-9+/374/91/-/7615*9/7882+1
>7*><47>+>63>7>+/+463197659

货物或应税劳务、服务名称	规格型号	单位	数量	单价	金额	税率	税额
*其他机械设备*电器电子产品及配件			1	1415.04	1415.04	13%	183.96
*其他机械设备*电器电子产品及配件					-354.87	13%	-46.13
合计					¥1060.17		¥137.83

价税合计(大写) ⊗壹仟壹佰玖拾捌圆整 (小写)¥1198.00
销售方 名 称:三亚京东佳禹贸易有限公司
纳税人识别号:91460200MA5T41103U
地 址、电 话:海南省三亚市吉阳区吉阳大道212号三亚市互联网双创中心 020-66215500
开户行及账号:中国工商银行三亚解放支行 2201030109200160703
备注 订单号:98572244862
收款人:京东商城 复核: 开票人:京东商城 销售方:(章)
三亚京东佳禹贸易有限公司 91460200MA5T41103U 发票专用章

图 2-65 增值税电子普通发票票例

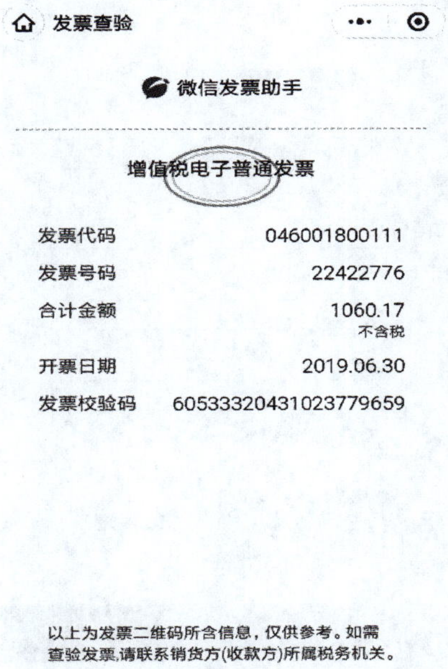

图 2-66 微信发票查验结果

其次，查验人依据取得的发票，需在页面中根据要求输入的相关的查验项目信息，信息内容如图 2-68 所示。

发票查验信息项目，根据查验人查验的票种类型，其输入的校验项目也不相同，其中查验增值税专用发票需输入：发票代码、发票号码、开票日期和开具金额（不含税）；查验机动车销售统一发票需输入：发票代码、发票号码、开票日期和不含税价；查验二手车销售统一发票需输入：发票代码、发票号码、开票日期和车价合计；查验增值税普通发票、增值税

图 2-67 全国增值税发票查验平台

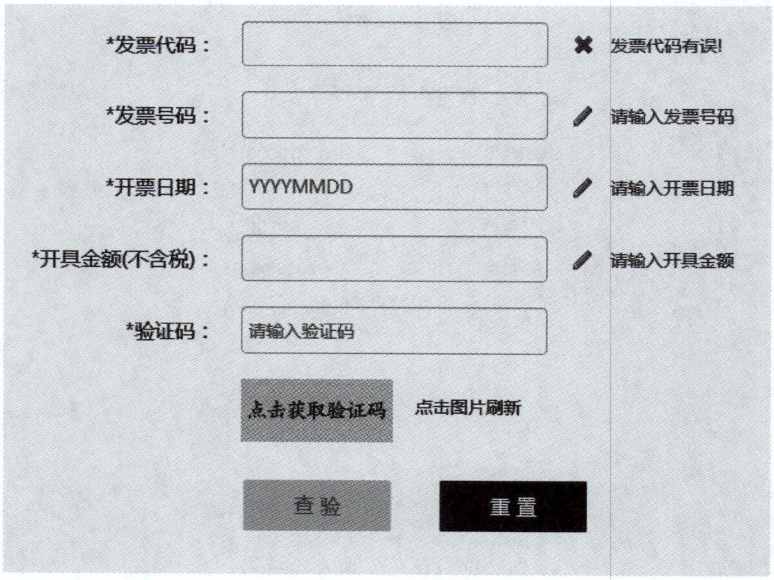

图 2-68 发票查验项目信息

电子普通发票、增值税普通发票（卷票）、增值税电子普通发票（通行费）需输入：发票代码、发票号码、开票日期和校验码后 6 位；查验货物运输业增值税专用发票需输入：发票代码、发票号码、开票日期和合计金额。

最后，确认输入的信息无误后，点击查验按钮，系统自动弹出查验结果，如图 2-69 所示。

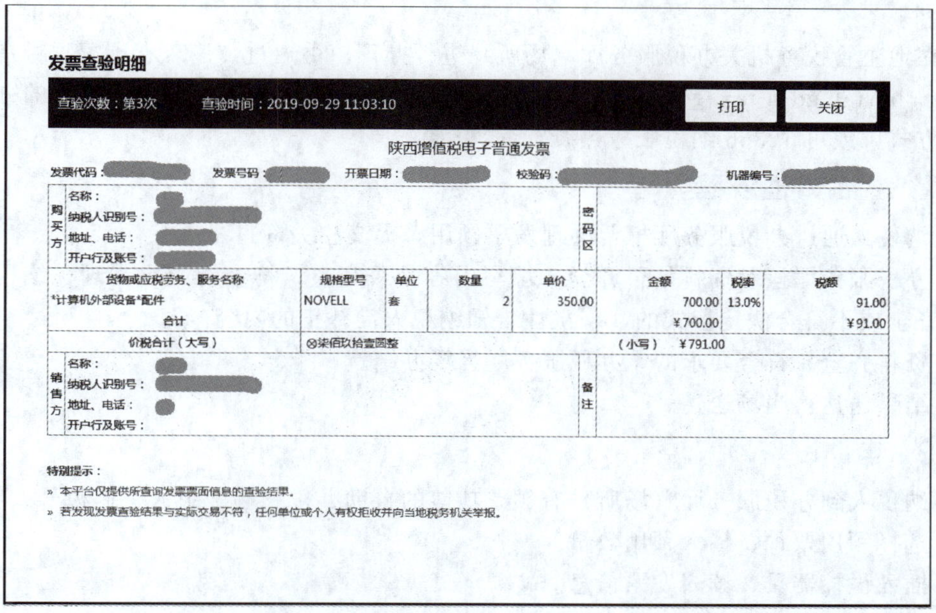

发票查验明细

查验次数：第3次 查验时间：2019-09-29 11:03:10 打印 关闭

陕西增值税电子普通发票

发票代码：[redacted] 发票号码：[redacted] 开票日期：[redacted] 校验码：[redacted] 机器编号：[redacted]

购买方	名称：[redacted] 纳税人识别号：[redacted] 地址、电话：[redacted] 开户行及账号：[redacted]				密码区			
	货物或应税劳务、服务名称	规格型号	单位	数量	单价	金额	税率	税额
	*计算机外部设备*配件	NOVELL	套	2	350.00	700.00	13.0%	91.00
	合计					¥700.00		¥91.00
	价税合计（大写）	⊗柒佰玖拾壹圆整				（小写） ¥791.00		
销售方	名称：[redacted] 纳税人识别号：[redacted] 地址、电话：[redacted] 开户行及账号：				备注			

特别提示：

» 本平台仅提供所查询发票票面信息的查验结果。

» 若发现发票查验结果与实际交易不符，任何单位或个人有权拒收并向当地税务机关举报。

图 2-69 发票查验结果

对于官网平台查验，有一定的时间范围要求，只可以查验最近 1 年内增值税发票管理新系统开具的发票，而当日开具的发票最快只能在次日进行查验，每天每张发票可在线查询次数为 5 次。如果需要查询、验证不在上述范围内的发票信息，只能持发票原件前往发票开具方税务机关或登录发票开具方税务机关的发票查验网站进行查验。

四、发票的领购

1. 领购发票需携带的资料

① 发票领购簿。

② 金税盘、税控盘、报税盘［领用增值税专用发票、增值税普通发票（包括折叠票、电子普通发票、卷票、印有本企业名称的折叠票和卷票）、机动车销售统一发票、二手车统一销售发票时提供］。

③ 税务登记证件副本或加载统一社会信用代码的营业执照（原件查验）。

④ 经办人居民身份证或其他证明身份的合法证件（原件查验）。

⑤ 经办人居民身份证或其他证明身份的合法证件复印件（发生变更时提供）。

注意事项：

① 在实体办税服务厅办理的，均提供纸质版材料；填表说明中无特别要求的，办理资料均按一式一份提供；已实名认证的办税人员可免于提供其身份证件复印件。

② 对实行实名制管理的纳税人，在电子税务局网页版、微信、APP、自助终端等电子办税渠道办理涉税费事项的，免于报送纸质资料，另有规定的除外。

2. 办理方式及流程

以广东省税务总局办理领购发票方式为例。

（1）现场办理

所在地主管税务机关办税服务厅（场所）进行办理。可通过“广东省国家税务局”网站（http：//portal. gd-n-tax. gov. cn/）“首页→联系我们”模块查询主管税务机关的办公地点及联系方式，或可 12366 纳税服务热线查询。

（2）柜台办理流程

① 纳税人通过办税服务厅柜台办理发票领用，提交相关资料。

② 办税服务厅核对资料是否齐全、填写内容是否完整，符合的当场受理；纳税人提交资料不齐全或不符合法定形式的，一次性告知纳税人需补正的内容。

③ 资料齐全、符合要求的，办税服务厅当场办结。

④ 结果送达：当场送达。

（3）自助设备领取

① 纳税人到办税服务厅（场所）有领票功能的自助办税终端处录入企业税号、密码。

② 选择领用票种、输入领用数量。

③ 插入税控器具，读入发票信息。

④ 在自助终端发票出口处取发票。

（4）网上办理

① 纳税人通过广东省电子税务局“发票管理→发票业务→发票发放”的操作路径发起发票领用。

② 选择发票领取方式，可选择大厅领取、回单柜或邮政快递，办税服务厅后台受理纳税人业务，并根据纳税人选择的取票方式通过邮政快递、电子税务局或短信告知办理结果。

五、填制增值税专用发票

1. 填制发票信息

增值税专用发票一般由增值税一般纳税人再销售货物或提供应税劳务时进行开具。开具时需填写以下发票信息：

① 购货单位名称，纳税人识别号，地址、电话，开户银行及账号。

② 商品或劳务名称、计量单位、数量、单价、金额等。

销售单位在开具增值税专用发票时，应正确填写商品或劳务名称、计量单位、数量、单价、金额，不得漏填或随意填写。

对供应的货物既有应税货物，又有免税货物的，供应的免税货物应单独开具普通发票，不得和应税货物合并开具增值税专用发票。

③ 销货方单位名称，纳税人识别号，地址、电话，开户行及账号。

④ 字轨号码。

⑤ 开具时间。

⑥ 开票单位的发票专用章。

2. 具体开票要求

① 企业经营地址和注册地址不一致，开具增值税专用发票时应按照税务登记证（统一社会信用代码证）上的地址开具。

② 增值税专用发票写的是“开户行及账号”，所以开具增值税专用发票时应填写企业基本开户行及账号。

③ 销售方开具发票时，应如实开具与实际经营业务相符的发票，购买方取得发票时，不得要求变更品名和金额，也就是说卖啥开啥，不得变更，比如提供的是住宿费，开具“旅游服务”的发票。

④ 严格按照《商品和服务税收分类与编码》开具发票，采用新系统开具的发票不能“办公用品”“材料一批”“礼品”出现这样的笼统开具行为。比如《商品和服务税收分类与编码》中有一个明细类别是“纸制文具及办公用品”，因此，发票摘要写“纸制文具及办公用品”是符合规范的，但是只写“办公用品”是不符合规范的。

⑤ 发票上的单价数量，按相关税法规定发票信息需要依次据实填写，销售货物，需要将单价、数量、金额体现在发票上；如果属于服务劳务，确实没有单位数量的可以不体现。

⑥ 由于开票时有限额，销售货物不能一次性全开，分开开具发票时，会出现数量是小数，比如“0.3 台”，只要分开开具的发票数量总额是与实际销售数量相符即可。

⑦ 增值税专用发票开票人的填写，税务上没有要求，但建议最好如实填写开票人员姓名。

⑧ 增值税发票“开票人”和“复核”不能为同一个人。

增值税专用发票具体开具要求如图 2-70 所示内容。

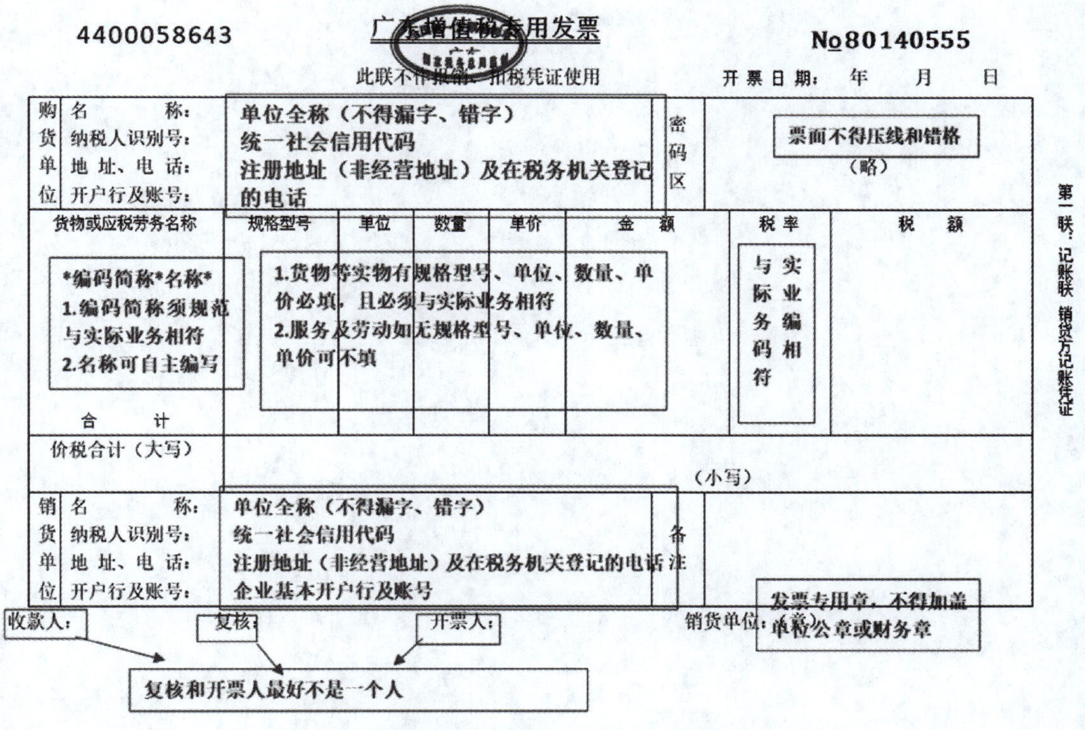

图 2-70　增值税专用发票开具要求

第三篇　会计实务篇

实训 1　会计岗位职责

会计是以货币为主要计量单位，运用专门的方法，核算和监督一个单位经济活动的一种经济管理工作。那么，会计人员的主要工作有哪些？会计岗位的具体职责又是怎样呢？下面我们先来看一则某人才招聘网上某公司的会计招聘信息，信息如表 3-1。

表 3-1　招聘信息表

招聘公司名称	广东××乳业股份有限公司
招聘岗位	会计岗位
招聘人数	1 人
岗位职责	1.组织公司日常会计核算工作，包括：审核原始凭证、登记记账凭证；审核记账凭证、据实登记各类明细账和总账；总账与明细账对账，保证账账相符；定期对总账与各类明细账进行结账等； 2.按期编制月度、季度、年度会计报表，每月初做好上级要求的快报等； 3.依照国家税收政策及时、定期申报纳税； 4.保管好所有财务凭证，及时整理、装订归档； 5.完成月度、季度及年度财务分析； 6.完成领导要求的其他工作
岗位要求	1.大专学历以上财经类背景，具有初级会计师职称优先考虑； 2.熟悉目前国家法律法规、会计领域法规及相关税收政策；有扎实的会计基础，能独立完成基础财务处理；能熟练使用财务软件及办公软件； 3.责任心强；良好的沟通能力、学习能力、风险意识、团队意识；能吃苦耐劳者优先考虑； 4.以往工作中没有出现行业处罚的记录
岗位待遇	1.带薪年假、五险一金、绩效奖金、周末双休、餐饮补贴、通信补贴、高温补贴； 2.月薪：4000～6000 元

从以上招聘信息可以看出，会计人员的主要工作包括：建立会计人员岗位责任制、使用会计科目、填制会计凭证、登记会计账簿、编制会计报表、管理会计档案、财务分析等方面。会计岗位的职责指的是在会计岗位上需要完成的任务，主要包括：会计核算、会计监督、会计计划和预算以及其他职责等。具体如图 3-1 所示。

具体来讲，会计岗位的主要职责有：

① 会计核算。会计人员要以实际发生的经济业务为依据，完整、连续、系统地进行记账、算账、报账，做到手续完备、内容真实、数字准确、账目清楚、日清月结、按期报账，如实反映财务状况、经营成果和财务收支情况。

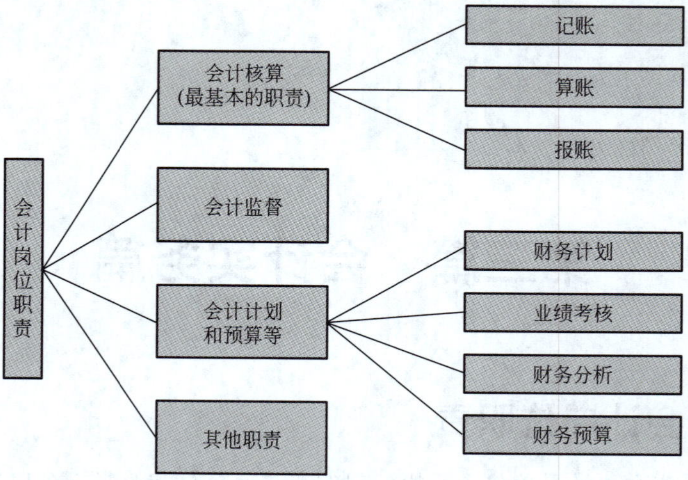

图 3-1　会计岗位职责图

进行会计核算，及时地提供真实可靠的、能满足相关各方需要的会计信息，是会计岗位最基本的职责。

② 会计监督。各单位的会计机构、会计人员对本单位实行会计监督。会计人员对不真实、不合法的原始凭证，不予受理；对记载不准确、不完整的原始凭证，予以退回，要求更正补充。

发现账簿记录与实物、款项不符的时候，应当按照有关规定进行处理；无权自行处理的，应当立即向本单位行政领导人报告，请求查明原因，作出处理；对违反国家统一的财政制度、财务制度规定的收支，不予办理。

③ 会计计划、会计预算等。参与拟订本单位的经济计划、业务计划、业绩考核、财务预算等。

④ 其他职责。拟订本单位办理会计事务的具体办法；办理其他会计事项。

实训 2　原始凭证的认知

一、会计凭证的概念与作用

1. 会计凭证的概念

会计凭证指的是记录经济业务事项发生或完成情况的书面证明，用以明确经济责任，也是登记账簿的前提和依据。填制和审核会计凭证是会计核算方法体系中的基本方法之一，也是会计核算工作的起点。

会计凭证的形式多种多样，按照不同的标准有不同的分类。按照填制的程序和用途不同，会计凭证可以分为原始凭证和记账凭证两大类。

2. 会计凭证的作用

会计凭证具有以下三个方面的作用：

（1）会计凭证为登记账簿提供了依据

企业所发生的经济业务，首先要由经办人员取得或者填制凭证，然后会计部门或相关部门进行审核，最后会计部门才能根据审核无误的凭证登记账簿。会计凭证使得各项经济业务得以如实反映和记录，从而为登记账簿提供了真实、合法、可靠的依据。

（2）会计凭证明确了经济责任，建立和完善了岗位责任制

经济业务发生后，相关的经办部门和人员要签字或者盖章，这样就明确了经济业务责任人所应承担的经济责任，加强了责任人的责任感，建立和完善了岗位责任制，促使相关责任人在各自的职责范围内各司其职、各负其责。另外，一旦发生问题，也可借助会计凭证进行正确的裁决。

（3）会计凭证可以起到监督经济活动的作用

通过对会计凭证的审核，可以检查企业每一项经济业务是否符合会计法、会计准则、会计制度等相关法律法规，是否符合企业在经营、财务等方面的规定，保证经济业务的真实、合法、合规、合理性，从而起到监督经济活动的作用。

二、原始凭证的概念

原始凭证又称单据，是在经济业务发生或完成时取得或填制的，用以记录或证明经济业务的发生或完成情况的书面证明。它不仅能用来记录经济业务发生或完成情况，还可以明确经济责任，是进行会计核算工作的原始资料和重要的证明文件。

企业经济活动发生时必须取得或填制原始凭证，比如企业员工出差时购买的飞机票或者火车票等。原始凭证是证明经济业务发生的初始文件，原始凭证审核无误后，以此作为填制记账凭证的依据。

三、原始凭证的种类

1. 按照来源分类

（1）外来原始凭证

外来原始凭证是指在同外单位发生经济往来事项时，从外单位取得的凭证。比如员工出差购买的飞机票和火车票、银行收付款通知单、供货单位开具的发票等，图 3-2 列示了部分外来原始凭证。

（2）自制原始凭证

自制原始凭证是指在经济业务事项发生或完成时，由本单位内部经办部门或人员填制的凭证。比如收料单、领料单、工资发放明细表、差旅费报销单等。

2. 按照填制手续及内容分类

（1）一次凭证

一次凭证是指只记录一项经济业务且仅一次有效的原始凭证，其填制手续是一次完成的。各种外来原始凭证都是一次凭证。部分自制原始凭证也是一次凭证，比如企业自制的领用材料的领料单、职工的借款单、购进材料时的入库单等都是一次凭证。

D77F011399
北京西站 T1314 广州南站
Beijingxizhan Guangzhounanzhan
2019年08月08日 08:08 开 06车91号
¥888.0元 硬座
限乘当日当次车
440000200808088888 张三
关注“中国铁路”微信，获取更多
春运资讯，一键链接多项春运服务
33284200771225F011399 北京西站售

(a)

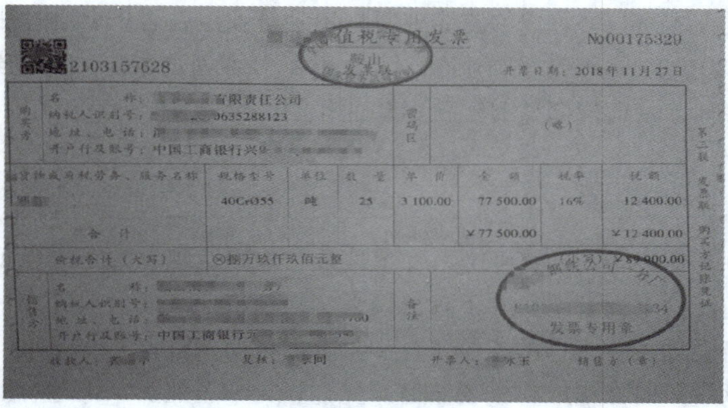

增值税专用发票
No00175329
2103157628
开票日期：2018年11月27日
购买方 名称：有限责任公司
纳税人识别号：0635288123
地址、电话：
开户行及账号：中国工商银行
密码区
货物或应税劳务、服务名称 规格型号 单位 数量 单价 金额 税率 税额
40Cr055 吨 25 3 100.00 77 500.00 16% 12 400.00
合计 ¥77 500.00 ¥12 400.00
价税合计（大写） ⊗捌万玖仟玖佰元整 （小写）¥89 900.00
销售方 名称：
纳税人识别号：
地址、电话：
开户行及账号：中国工商银行
备注
发票专用章
收款人： 复核： 开票人： 销售方（章）

(b)

图 3-2　外来原始凭证示例

（2）累计凭证

累计凭证是指在一定时期内（一般以一个月为限）连续发生的同类经济业务的自制原始凭证，其填制手续是随着经济业务事项的发生而分次进行的。比如限额领料单就是累计凭证。限额领料单是一次开设、多次使用、领用限额已定的累计凭证。

（3）汇总凭证

汇总凭证是指根据一定时期内反映相同经济业务的多张原始凭证，按照一定的标准定期汇总编制而成的自制原始凭证。汇总原始凭证既可以简化记账凭证的填制和账簿的登记工作，又可以为企业经营管理者提供总量指标。比如现金收入汇总表、工资汇总表、发料凭证汇总表等都是汇总原始凭证。

3. 按照格式分类

（1）通用凭证

通用凭证是指由有关部门统一印制、在一定范围内使用的具有统一格式和使用方法的原始凭证。比如全国统一使用的银行承兑汇票。

（2）专用凭证

专用凭证是指由单位自行印制、仅在本单位内部使用的原始凭证。比如收料单、领料单、工资费用分配单、差旅费报销单等。

实训 3　原始凭证的填制

视频 8：原始凭证及其粘贴

一、原始凭证的基本内容

① 原始凭证名称。

② 原始凭证的日期和凭证编号。

③ 填制原始凭证的单位名称或者填制人姓名。

④ 接受原始凭证的单位或个人的名称。

⑤ 经济业务所涉及的数量、计量单位、单价和金额。

⑥ 经济业务的内容摘要。

⑦ 经办业务部门或人员的签章。

二、原始凭证的填制

1. 记录真实

原始凭证所填列的经济业务内容和数字，必须真实可靠，符合国家有关政策、法律法规、准则制度的要求，符合有关经济业务的实际情况，不得弄虚作假。

2. 内容完整

原始凭证所要求填列的项目必须逐项填列齐全，不得遗漏和省略或者随意简化内容。必须符合手续完备的要求，经办业务的有关部门和人员要认真审核，签名盖章。单位自制的原始凭证必须有经办单位领导人或者其他指定的人员签名盖章；对外开出的原始凭证必须加盖本单位公章；从外部取得的原始凭证，必须盖有填制单位的公章；从个人取得的原始凭证，必须有填制人员的签名盖章。

3. 书写清楚、规范

原始凭证只能用蓝黑墨水按规定填写，文字要简要，字迹要清楚，易于辨认，不得使用未经允许的简化汉字。大小写金额必须相符且填写规范。原始凭证不得涂改、刮擦、挖补。原始凭证有错误的，应当由出具单位重开或更正，更正处应当加盖出具单位印章。原始凭证金额有错误的，应当由出具单位重开，不得在原始凭证上更正。如果原始凭证已预先印定编号，在写坏作废时，应加盖“作废”戳记，妥善保管，不得撕毁。

4. 填制及时

各种原始凭证一定要及时填写，不得早于或迟于规定的时间，以免造成凭证记录和客观业务脱节。

例题 1

2019 年 8 月 8 日，顺利公司销售一批 A 产品给大众公司，该批产品 50 件，单价 70 元，增值税税率 13%。顺利公司开具了增值税专用发票给大众公司，发票如表 3-2 所示。

表 3-2　增值税专用发票

广东增值税专用发票

NO00012345

（印章：全国统一发票监制章 广东 国家税务总局监制）

2019080888　　此联不作报销、抵扣凭证使用　　开票日期：2019 年 8 月 8 日

购买方	名　称：大众公司 纳税人识别号：12345678901234567890 地址、电话：广州市青年路 1 号　020-88888888 开户行及账号：中国银行青年支行　88887777				密码区	022*5897+71>+60-97*21 *98161*4518/4/3042978 0606*>8<>0215/5</*079 *4>*/33-2*//56677201>	
货物或应税劳务、服务名称	规格型号	单位	数量	单价	金额	税率	税额
A 产品		件	50	70	3,500.00	13%	455.00
合计					3,500.00		455.00
价税合计（大写）	叁仟玖佰伍拾伍元整					小写：¥3,955.00	
销售方	名　称：顺利公司 纳税人识别号：98765432109876543210 地址、电话：广州市自由路 1 号　020-88889999 开户行及账号：中国银行大兴支行　88885555				备注	顺利有限责任公司 98765432109876543210 发票专用章	

第一联　记账联　销售方记账凭证

收款人：赵六　　复核：王五　　开票人：陈七　　销售方（章）

例题 2

2019 年 8 月 1 日，顺利公司销售部员工张三到北京出差，2019 年 8 月 6 日回到广州。2019 年 8 月 8 日粘贴发票，填写差旅费报销单，进行差旅费的报销，报销单如表 3-3 所示。

表 3-3　顺利有限责任公司差旅费报销单

2019 年 8 月 8 日　　附单据：9 张

申请人：张三	部门：销售部	职位：销售员
出差事由	由广州出发到北京筹备销售网点的开业工作	
出差时间	2019 年 8 月 1 日-2019 年 8 月 6 日，共 6 天。	
项目	摘要	金额
交通费	广州-北京高铁票	880.00
交通费	北京-广州高铁票	880.00
交通费	北京市内交通费	68.00
住宿费	8 月 1—6 日，5 天住宿费，每天 300 元	1,500.00
伙食费	8 月 1—6 日，6 天伙食费，每天 100 元	600.00
		合计：¥3,928.00
部门经理审核（签章）	同意。李四	出差报销人（签章） 张三
财务经理审核（签章）	同意。王五	
总经理审核（签章）	同意。钱一	

例题 3

2019 年 8 月 8 日，顺利公司 A 车间到 A 仓库领取 A 材料 200 千克，单价 40 元，领料

单如表 3-4 所示。

表 3-4　顺利有限责任公司领料单

领料单位：A 车间

用途：生产 A 产品　　　　2019 年 8 月 8 日　　　　发料仓库：A 仓库

材料名称	材料编号	单位	数量		单价	金额/元
			请领	实发		
A 材料	001	千克	200	200	40	8,000.00
备注					合计	8,000.00

记账（签章）：陈七　　　　发料人（签章）：王康　　　　领料人（签章）：李建

三、原始凭证的审核

1. 合法性审核

合法性审核主要审核所发生的经济业务是否符合国家有关政策、法律法规、准则制度的要求，比如假发票、假收据均是不合法的。审核所发生的经济业务是否符合单位自身财务计划、财务预算的要求，比如职工出差超标准乘坐交通工具、住宿费超标部分等也是不合法的。

2. 真实性审核

真实性审核主要审核经济业务的双方当事单位和当事人、日期、地点、内容、金额等的真实性。比如原始凭证的金额，有没有存在多开或者少开金额的情况。

3. 完整性审核

完整性审核主要审核原始凭证是否具备基本内容，有无应填未填或填写不清楚的现象。如经审核原始凭证有没有未填写接受原始凭证的单位名称、未填写开具原始凭证的单位名称、无制证人员的签章、业务内容与附件不符等情况，这些均不属于内容完整的原始凭证。

4. 准确性审核

准确性审核主要审核原始凭证在计算方面是否存在失误。比如有业务内容摘要与数量、金额不相对应，业务所涉及的数量与单价的乘积与金额不符，金额合计错误等情况，这些均不能作为正确的原始凭证。

实训 4　原始凭证的粘贴

一、原始凭证的分类整理

原始凭证应按照报销的经费项目进行分类整理，如办公费、招待费、差旅费等，应按照类别分别粘贴，把相同费用项目的原始凭证粘贴在一起。同时将原始凭证按顺序号或日期编排整理好。

二、原始凭证的粘贴

1. 粘贴方法

（1）粘贴原始单据

粘贴原始单据时，粘贴的要求是“小票在下、大票在上”，粘贴的规则是“从下向上，从右向左，齐线齐边，超大剪折”。

取一张“单据空白粘贴单”或同样大小的空白纸，用胶水将单据均匀地贴在正面，单据须在粘贴单的装订线内。从粘贴单的右下角开始，齐线齐边下贴一张、上贴一张进行粘贴。粘贴的距离根据单据数量的多少来确定，但必须在粘贴纸左侧留出装订的位置（一般粘贴单的左侧和单据的距离为 2 厘米左右为宜），如图 3-3 所示。

(a)

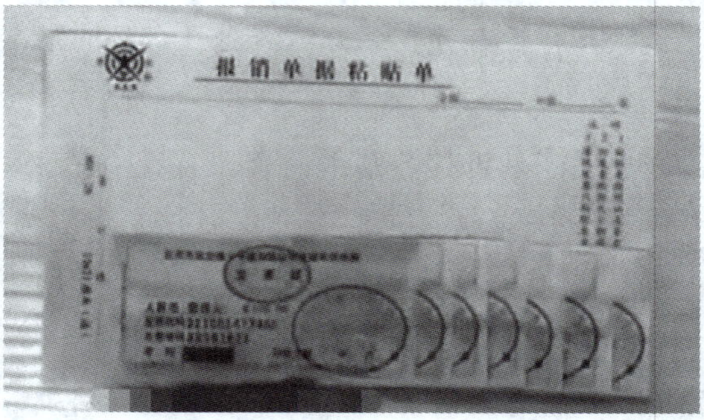

(b)

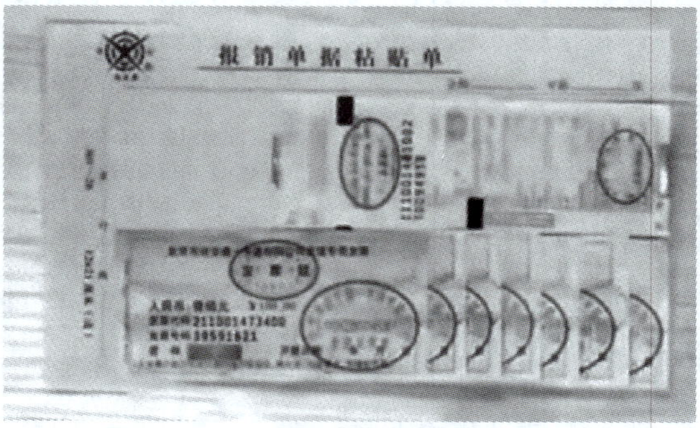

(c)

图 3-3　原始凭证粘贴图

（2）粘贴报销单

取一张“原始凭证报销单”或“差旅费报销单”覆盖在已经粘贴好的原始单据上，仍然在左侧涂胶水粘贴，如图 3-4 所示。

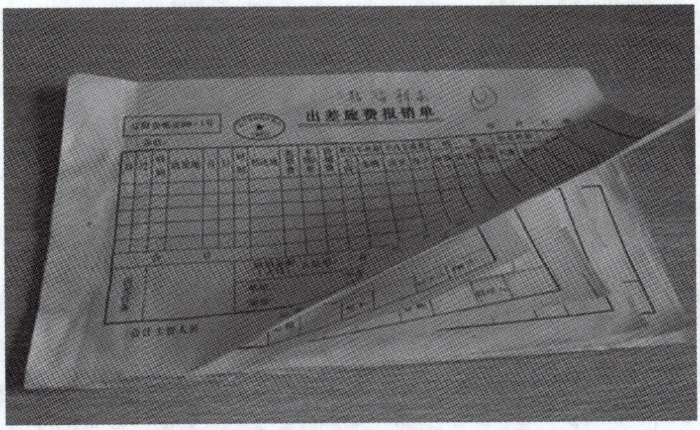

图 3-4　报销单粘贴图

2. 注意事项

① 不能将单据颠倒放置、粘贴；不能用订书机、大头针、曲别针等装订单据；不能使用双面胶粘贴单据。

② 粘贴原始凭证时，胶水涂在单据的左侧，不能涂在上部。只需粘牢原始凭证的左侧部分，不用将背面全部贴实，同时要将褶皱的凭证摊开、压平，对破损的凭证还要进行修补。

③ 每张发票均应直接粘贴在单据粘贴单上，不能把发票粘在发票上，以免日后全部脱落丢失。

④ 注意不要将单据集中在单据粘贴单的中间，以免造成中间厚四周薄、凭证装订起来不整齐的现象。

⑤ 粘贴的原始凭证必须在粘贴单的装订线内，个别规格参差不齐的凭证，可先裁边整理后再行粘贴，但必须保证原始凭证内容的完整性。粘贴的单据与单据粘贴单上下、左右对齐，粘贴的单据不可超过单据粘贴单上下及左右边界，超出的部分要折叠好，如图 3-5 所示。

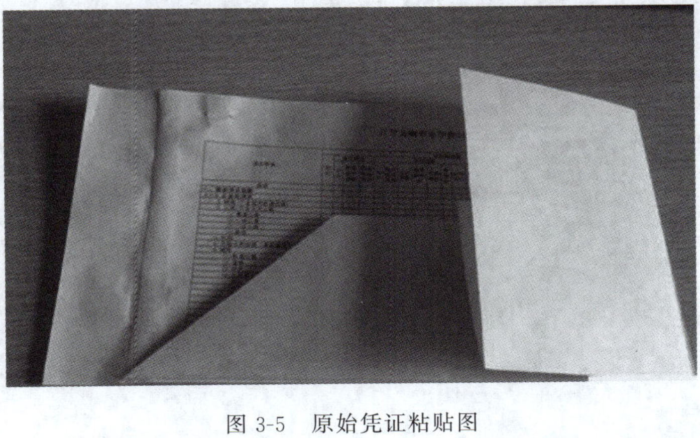

图 3-5　原始凭证粘贴图

⑥ 出差报销凭证（如住宿费、过桥过路费、车船票等），均应使用差旅费报销单做封面。出差期间因工作需要支出的招待费凭证需单独粘贴，不得混同于差旅费报销。

⑦ 票据粘贴完整后，经办人在单据上签名，汇总单据金额，注明单据的张数，由经办人与审批人签字，然后到财务部报销。

三、原始凭证的粘贴效果

粘贴单分类粘贴，要呈鱼鳞状分布，一般要求达到“四边齐、表面平、无凹凸、书本型”的标准，即表面平整，左边和中间无凹凸现象，上下左右各成平面，凭证内部分类清晰、位置到位、排列美观、数量易记。效果如图 3-6 所示。

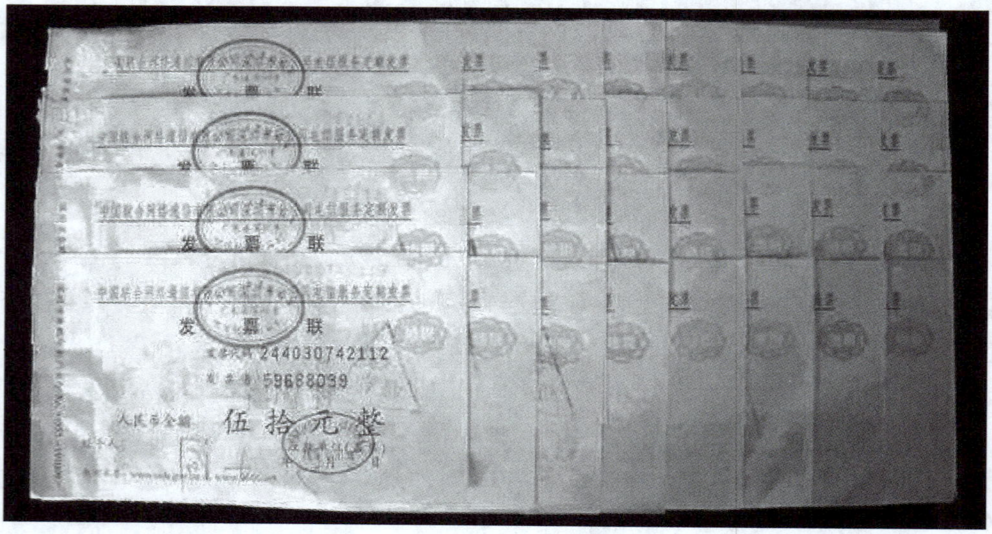

(a)

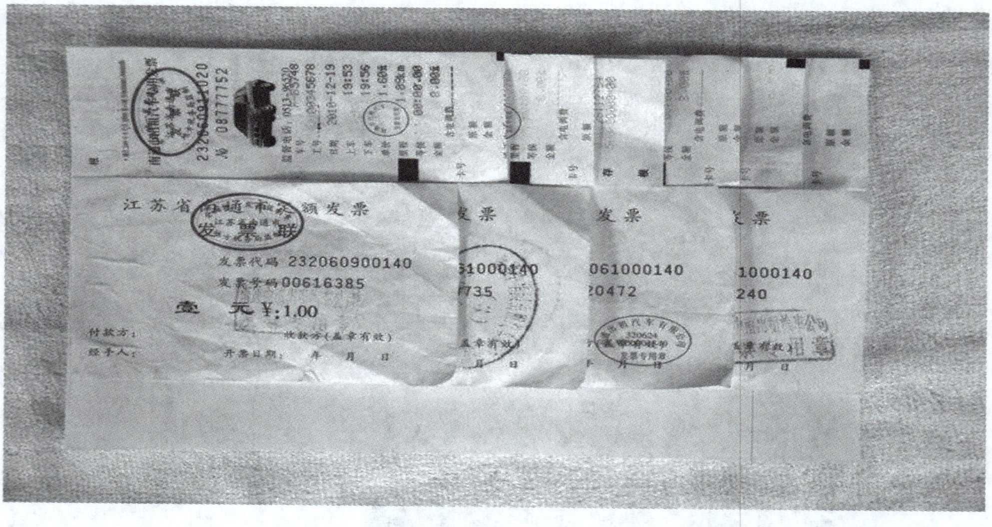

(b)

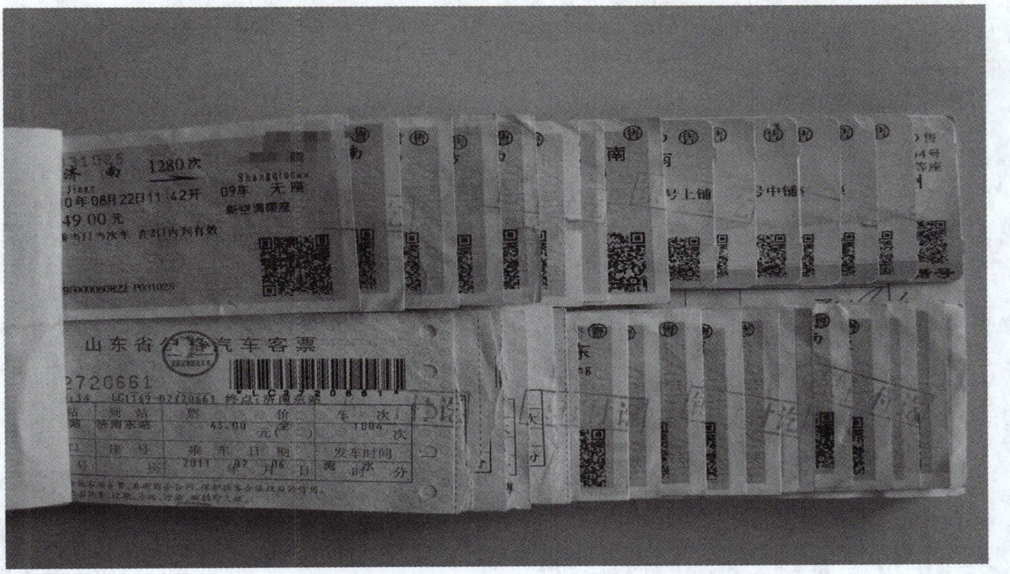

(c)

图 3-6　原始凭证粘贴效果图

实训 5　记账凭证的认知

一、记账凭证的概念

记账凭证又称记账凭单，是会计人员根据审核无误的原始凭证或者原始凭证汇总表编制的记载经济业务、确定会计分录后所填制的会计凭证。它是登记总分类账和明细分类账的直接依据。

二、记账凭证的种类

1. 按照用途分类

（1）专用记账凭证

专用记账凭证是指分类反映经济业务的记账凭证。专用记账凭证为记账工作带来方便，但是工作量大，适用规模大、收付业务多的单位。

按其反映的经济业务内容，可分为收款凭证、付款凭证和转账凭证。

收款凭证是指用于记录现金和银行存款收款业务的记账凭证，这类凭证借方科目为库存现金或者银行存款。付款凭证是指用于记录现金和银行存款付款业务的记账凭证，这类凭证贷方科目为库存现金或者银行存款。转账凭证是指用于记录不涉及现金和银行存款业务的记账凭证。

（2）通用记账凭证

通用记账凭证是指用来反映所有经济业务的记账凭证，为各类经济业务所共同使用，其格式与转账凭证基本相同。通用记账凭证适用规模不大、收付业务不多的单位。使用财务软件做账的单位，也使用通用记账凭证。

2. 按填列方式分类

（1）单式记账凭证

单式记账凭证是指只填列经济业务所涉及的一个会计科目及其金额的记账凭证。单式记账凭证：内容单一、便于分工记账，但不能集中反映业务的概况。目前使用的单位较少。

（2）复式记账凭证

复式记账凭证是指将每一笔经济业务所涉及的全部科目及其发生额均在同一张记账凭证中反映的一种凭证。复式记账凭证：内容全面、便于凭证的分析和审核，不便于传递、科目汇总、分工记账。

实训 6　记账凭证的填制

视频 9：填写记账凭证

一、记账凭证的基本内容

① 记账凭证的名称及填制单位名称。
② 记账凭证的日期。
③ 记账凭证的编号。
④ 经济业务事项的内容摘要。
⑤ 经济业务事项所涉及的会计科目及其记账方向。
⑥ 经济业务事项的金额。
⑦ 记账标记。
⑧ 所附原始凭证张数。
⑨ 会计主管、记账、审核、出纳、制单等有关人员的签章。

二、记账凭证的填制

记账凭证的填制必须以经审核确认为真实、完整和合法的原始凭证为依据。除结账和更正错账的记账凭证可以不附原始凭证外，其他记账凭证必须附有原始凭证。填制记账凭证应当用蓝色或黑色钢笔或签字笔书写。

1. 记账凭证的日期

记账凭证的日期，原则上应与发生经济业务的日期一致。月末计提、分配费用、成本计算、转账等业务，大多是在下月初进行，但所填日期应当填写当月最后一日的日期。

2. 记账凭证的类别

① 采用专用记账凭证的企业，记账凭证的类别为“收、付、转”。借方科目是库存现金或者银行存款，是“收”类别的记账凭证；贷方科目是库存现金或者银行存款，是“付”类别的记账凭证；借贷方科目不涉及现金和银行存款业务的，是“转”类别的记账凭证。

② 采用通用记账凭证的企业，记账凭证的类别统一为“记”。

3. 记账凭证的编号

为了保证会计凭证的安全和完整以及日后登记和核对账簿，须对记账凭证进行编号。记账凭证的编号一般按月编写，且须连续编号，不得跳号、重号。

① 采用专用记账凭证的企业，记账凭证的编号根据记账凭证的类别为依据进行编号，可以用三类编号法：收字第×号，付字第×号，转字第×号。也可以用五类编号法：现收字第×号，现付字第×号，银收字第×号，银付字第×号，转字第×号。

② 采用通用记账凭证的企业，记账凭证的编号为：记字第×号。

当一笔经济业务的会计分录比较复杂，需在两张或两张以上的记账凭证上共同反映时，记账凭证的编号采用分数编号法。比如，某笔经济业务属某月转账业务的第 11 号，需填制三张转账凭证，那么这三张转账凭证的编号应是 11 1/3、11 2/3、11 3/3。

4. 记账凭证的摘要

记账凭证的摘要应真实、准确、简明、扼要。

5. 记账凭证的会计科目

记账凭证的会计科目应写全称，不得简写或只写会计科目编号，不写名称。为了便于登记账簿，有明细科目的还应写明细科目。

只要能完整反映经济业务的全貌，可以一借一贷，也可以多借多贷，但不能为了简单而把类型不同的业务合并编制会计分录然后填制在同一张凭证上。

填制会计科目时应先填写借方科目，后填写贷方科目，且借方金额合计与贷方金额合计应当一致。

6. 记账凭证的金额

记账凭证的金额必须与原始凭证或原始凭证汇总表的金额相符；记账凭证的大小写金额应一致；阿拉伯数字应书写规范，并填至分位；相应的数字应平行对准相应的借贷栏次和会计科目的栏次，防止错栏串行；合计行填写金额时，应在金额最高位值数前填写人民币“¥”字符号。

记账凭证应按行次逐笔填写，不得跳行或留空行。记账凭证金额栏最后留有的空行，用斜线或“S”线注销。所划的斜线或“S”线应以金额栏最后一笔金额数字下的空行划到合计数行上面的空行。

7. 记账凭证的签名或盖章

记账凭证填制完成后，要由填制人员、审核人员、会计主管人员、记账人员分别签名盖章，以示其责任，并使会计人员互相制约，互相监督。对于收款凭证及付款凭证，还应由出纳人员签名盖章，以证明款项已收讫或付讫，对于库存现金和银行存款之间及各种银行存款之间的相互划转业务，只填制付款凭证。

实行会计电算化的单位，对于机制记账凭证，也应当符合国家会计制度的规定。

8. 记账凭证所附原始凭证的张数

除了结转和更正错账的记账凭证外，其他记账凭证必须附有原始凭证，并注明其张数。

① 原始凭证的张数一般按所附原始凭证的自然张数计算。

② 有原始凭证汇总表的附件，可将原始凭证汇总表张数作为记账凭证的附件张数。

③ 对于汽车票、火车票等外形较小的原始凭证，可粘贴在“凭证粘贴单”上，作为一张原始凭证附件。但在粘贴单上应注明所粘贴原始凭证的张数和金额。

④ 当一张或几张原始凭证涉及几张记账凭证时，可将原始凭证附在一张主要的记账凭证后面，并在摘要栏内注明“本凭证附件包括××号记账凭证业务”字样，在其他记账凭证上注明“原始凭证附在××号记账凭证后面”字样。

例题 1

2019 年 8 月 8 日，顺利公司购买了一个墨盒，价值 300 元，用现金支付。顺利公司采用专用记账凭证记账，凭证编号采用五类编号法，请编制付款凭证。如表 3-5 所示。

表 3-5 付款凭证

贷方科目：库存现金　　2019 年 8 月 8 日　　现付字第 12 号

摘要	贷方科目		金额	记账 √
	总账科目	明细科目		
购买墨盒	管理费用	办公费	300.00	
合计(大写)：叁佰元整			¥300.00	

附件 1 张

会计主管：王五　　记账：陈七　　审核：王五　　出纳：赵六　　制单：陈七

例题 2

2019 年 8 月 8 日，顺利公司销售一批 A 产品给大众公司，该批产品 50 件，单价 70 元，增值税税率 13%，货款已存入银行。顺利公司采用专用记账凭证记账，凭证编号采用五类编号法，请编制收款凭证。如表 3-6 所示。

表 3-6 收款凭证

借方科目：银行存款　　2019 年 8 月 8 日　　银收字第 11 号

摘要	借方科目		金额	记账√
	总账科目	明细科目		
销售 A 产品	主营业务收入	A 产品	3,500.00	
	应交税费	应交增值税(销项税额)	455.00	
合计(大写)：叁仟玖佰伍拾伍元整			¥3,955.00	

附件 2 张

会计主管：王五　　记账：陈七　　审核：王五　　出纳：赵六　　制单：陈七

例题 3

2019 年 8 月 8 日，顺利公司销售一批 A 产品给大众公司，该批产品 50 件，单价 70 元，增值税税率 13%，货款未收。顺利公司采用专用记账凭证记账，凭证编号采用五类编号法，请编制转账凭证，如表 3-7 所示。

表 3-7　转账凭证

2019 年 8 月 8 日　　　　转字第 10 号

摘要	会计科目		借方金额	贷方金额	记账√
	总账科目	明细科目			
销售 A 产品	应收账款	大众公司	3,955.00		
	主营业务收入	A 产品		3,500.00	
	应交税费	应交增值税(销)		455.00	
合计(大写):叁仟玖佰伍拾伍元整			¥3,955.00	¥3,955.00	

附件 2 张

会计主管:王五　　记账:陈七　　审核:王五　　制单:陈七

例题 4

2019 年 8 月 8 日,顺利公司到银行提取备用金 5000 元。顺利公司采用通用记账凭证记账,请编制记账凭证,如表 3-8 所示。

表 3-8　记账凭证(一)

2019 年 8 月 8 日　　　　记字第 15 号

摘要	会计科目		借方金额	贷方金额	记账√
	总账科目	明细科目			
提取备用金	库存现金		5,000.00		
	银行存款			5,000.00	
合计			¥5,000.00	¥5,000.00	

附件 3 张

会计主管：王五　　记账：陈七　　审核：王五　　出纳：赵六　　制单：陈七

例题 5

2019 年 8 月 8 日，顺利公司向通达公司采购一批 A 材料，该批材料 80 千克，单价 40 元，增值税税率 13%，材料已验收入库，货款未付。顺利公司采用通用记账凭证记账，请编制记账凭证。如表 3-9 所示。

表 3-9　记账凭证（二）

2019 年 8 月 8 日　　　　记字第 15 号

摘要	会计科目		借方金额	贷方金额	记账√
	总账科目	明细科目			
采购 A 材料	原材料	A 材料	3,200.00		
	应交税费	应交增值税(进)	416.00		
	应付账款	通达公司		3,616.00	
合计			¥3,616.00	¥3,616.00	

附件 2 张

会计主管：王五　　记账：陈七　　审核：王五　　出纳：赵六　　制单：陈七

三、记账凭证的审核

1. 审核是否附有原始凭证

审核记账凭证是否附有原始凭证，记账凭证的经济内容是否与所附原始凭证的内容相同。

2. 审核会计科目

审核记账凭证上应借应贷的会计科目（包括明细科目）是否符合会计准则制度的要求，会计科目间的对应关系是否清晰，金额是否正确等。

3. 审核各个项目是否完整

审核记账凭证中的各个项目是否填制完整，摘要是否清楚，有关人员的签章是否齐全且符合规范等。

实训 7　记账凭证的装订

一、装订要求

① 会计凭证一般每月装订一次，装订好的凭证按年月妥善保管归档。

② 整齐、美观、牢固。凭证厚度一般为 1.5 厘米，最多不超过 3 厘米，如果本月凭证过多，可装订为多本。

③ 银行对账单、银行存款余额调节表不是原始凭证，但却是重要的会计资料，要单独装订保存。

④ 凭证中不能有大头针、曲别针、订书钉等金属物。

⑤ 写好凭证封面、单位名称、年度、月份、凭证种类（收付转）、起始日期、起始号数。

⑥ 线绳结要打在凭证背面。

二、装订方法

根据凭证装订机的类型（手动装订机、半自动、自动）准备好相应的装订工具，比如线绳、铁锥、夹子、剪刀、铆管、铆钉等。

1. 侧订法

左侧打孔装订，北方多用此法。

① 将凭证向左上角磕齐后打孔：距左边沿 1.5 厘米处均匀打 2 个孔或 3 个孔。见图 3-7 所示。

② 用线绳订好，见图 3-8 所示。

③ 在背面打结系紧后，剪掉多余绳头，用胶水粘好封皮。

④ 效果图，如图 3-9 所示。

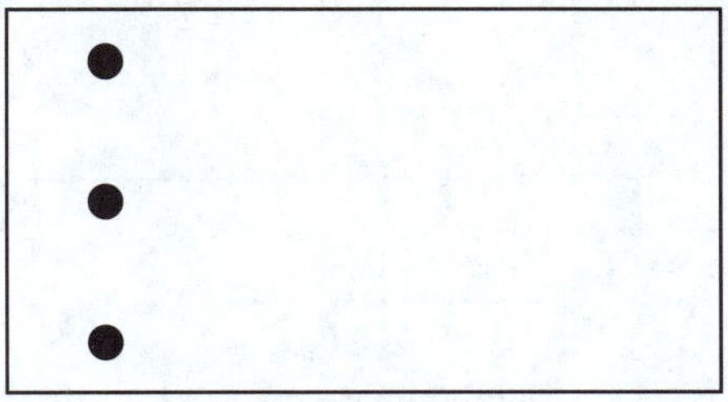

图 3-7　侧订法

图 3-8　用线绳订好

图 3-9　记账凭证侧订法装订效果图

2. 角订法

左上角打孔装订，南方多用此法。

① 分别距左边沿、上边沿 1.5 厘米各打 1 孔，然后穿线装订。如图 3-10 所示。

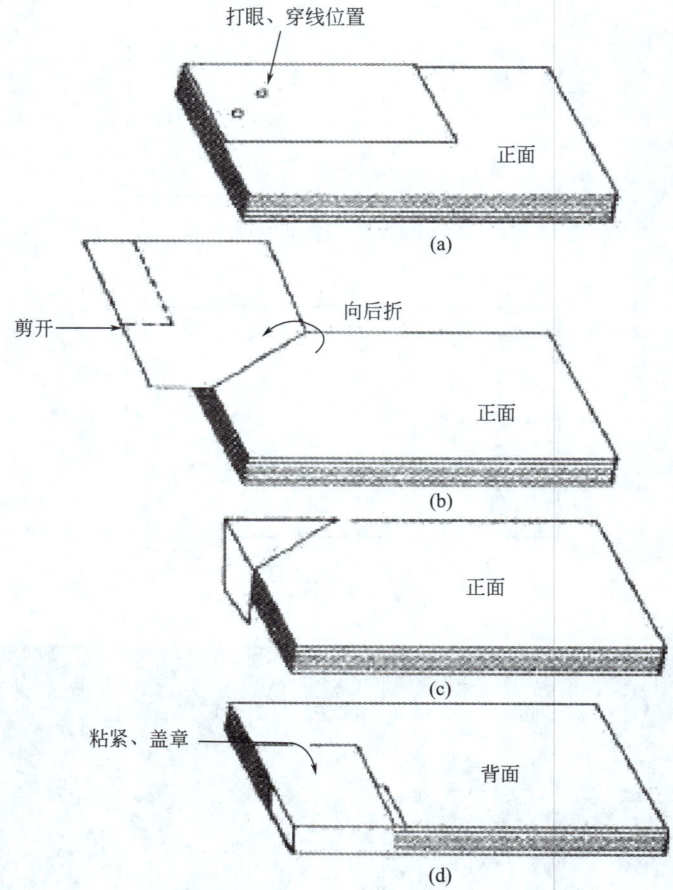

图 3-10　记账凭证角订法装订图

② 效果图，如图 3-11 所示。

图 3-11　记账凭证角订法装订效果图

实训 8　账簿的登记

一、账簿的概念

会计账簿是指由一定格式的账页组成的，以经过审核的会计凭证为依据，用以全面、系统、连续地记录各项经济业务的簿籍。它是编制财务报表的依据。

二、账簿的种类

1. 按用途分类

按用途分类，可分为序时账簿、分类账簿、备查账簿，如图 3-12 所示。

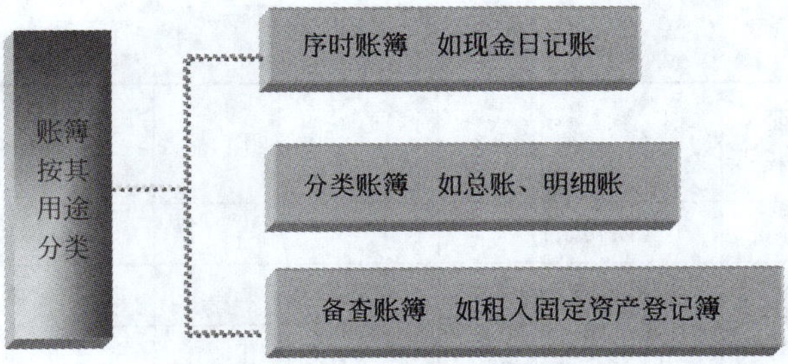

图 3-12　账簿按用途分类

2. 按账页格式分类

按账页格式分类，可分为两栏式账簿、三栏式账簿、多栏式账簿、数量全额式账簿。如图 3-13 所示。

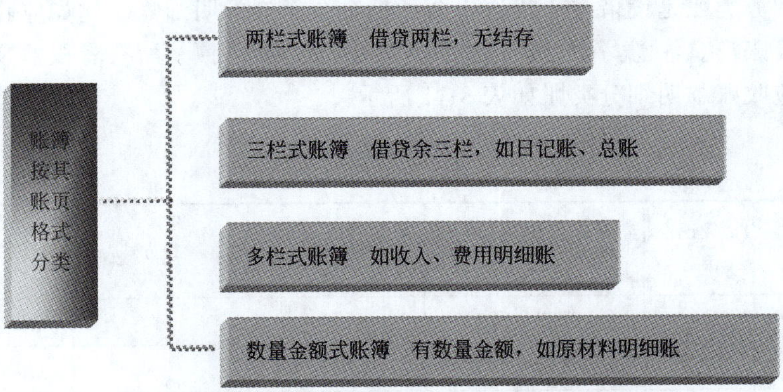

图 3-13　账簿按账页格式分类

3. 按外形分类

按外形分类，可分为订本式账簿、活页式账簿、卡片式账簿，如图 3-14 所示。

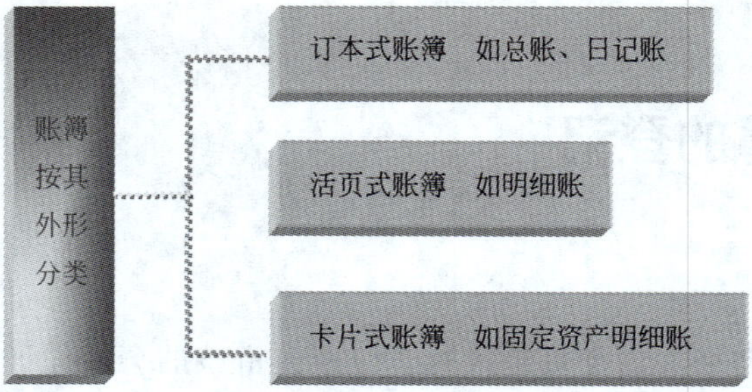

图 3-14 账簿按外形分类

三、账簿的登记

1. 库存现金日记账、银行存款的登记

库存现金日记账如表 3-10 所示。

表 3-10 库存现金日记账

第×页

2019 年		凭证编号	摘要	对方科目	借方	贷方	余额
月	日						
8	1		期初余额				4,000.00
	4	记 1	提取备用金	银行存款	5,000.00		9,000.00
	9	记 8	购买墨盒	管理费用		300.00	8,700.00
	15	记 20	预支差旅费	其他应收款		3,000.00	5,700.00
8	31		本月合计		5,000.00	3,300.00	5,700.00

2. 明细分类账的登记

（1）三栏式明细分类账

三栏式明细分类账是设借方、贷方、余额三个金额栏的明细账。比如应收账款、应付账款、实收资本等账户。注意写明余额的方向，注意资产、负债、所有者权益余额的计算公式不同。三栏式应收账款明细分类账如表 3-11 所示。

表 3-11 明细分类账

会计科目：应收账款-南方机电公司

第×页

2019 年		凭证编号	摘要	借方	贷方	借或贷	余额
月	日						
8	1		期初余额			借	4,000.00
	5	记 2	销售 1 号车床	24,000.00		借	28,000.00
	7	记 6	收到前欠货款		5,000.00	借	23,000.00
	14	记 21	确认坏账损失		5,000.00	借	18,000.00
8	31		本月合计	24,000.00	10,000.00	借	18,000.00

（2）多栏式明细分类账

多栏式明细分类账是在借方栏或贷方栏下设置多个栏目用以记录某一会计科目所属的各明细科目的内容。管理费用多栏式明细分类账如表 3-12 所示。生产成本多栏式明细分类账如表 3-13 所示。

表 3-12 管理费用明细分类账

会计科目：管理费用　　　　第×页

2019 年		凭证编号	摘要	办公费	保险费	水费	…	合计
月	日							
8	9	记 8	购买墨盒	300.00				300.00
	10	记 9	购买保险费		2,000.00			2,000.00
	11	记 10	支付水费			1,500.00		1,500.00
	31	记 20	转入本年利润					3,800.00
8	31		本月发生额和余额	300.00	2,000.00	1,500.00		0

表 3-13 生产成本明细分类账

产品名称：A 产品　　　　第×页

2019 年		凭证编号	摘要	直接材料	直接人工	制造费用	合计
月	日						
8	1		期初余额	100.00	100.00	100.00	300.00
	3	记 7	生产领料	1,000.00			1,000.00
	4	记 8	支付工资		2,000.00		2,000.00
8	31	记 9	结转制造费用			2,000.00	2,000.00
	31		本月生产费用合计	1,000.00	2,000.00	2,000.00	5,000.00
	31		生产费用合计	1,100.00	2,100.00	2,100.00	5,300.00
	31	记 21	结转完工产品成本	1,050.00	2,050.00	2,050.00	5,150.00
	31		期末余额(在产品)	50.00	50.00	50.00	150.00

（3）数量金额式明细分类账

数量金额式明细分类账是在账页的收入、发出、结存各栏中再分别设置数量、单价、金额栏目的明细账。数量全额式原材料明细分类账如表 3-14 所示。

表 3-14 原材料明细分类账

明细科目：A 材料　　类别：A 类别　　编号：001

计量单位：吨　　存放地点：A 仓库

2019 年		凭证编号	摘要	收入			发出			结存		
月	日			数量	单价	金额	数量	单价	金额	数量	单价	金额
8	1		期初余额							3	4.00	12.00
	3	记 3	材料入库	6	4.00	24.00				9	4.00	36.00
	5	记 6	发出材料				2	4	8.00	7	4.00	28.00
8	31		本月合计	6	4.00	24.00	2	4	8.00	7	4.00	28.00

（4）横线登记式明细分类账

采用平行登记的方法将每一相关业务登记在一行，可依据每一行各个栏目的登记是否齐全来判断该项业务的进展情况。比如材料采购等账户，账簿的左半部分登记采购材料时的情况，右半部分登记材料入库时的情况。横线登记式材料采购明细分类账如表 3-15 所示。

表 3-15　材料采购明细分类账

明细科目：B 材料　　　　第×页

2019 年		凭证编号	摘要	借方	2019 年		凭证编号	摘要	贷方
月	日				月	日			
8	4	记 5	购买材料	800.00	8	6	记 7	验收入库	800.00
8	29	记 19	购买材料	800.00					
8	31		本月合计	1,600.00	8	31		本月合计	800.00

3. 总分类账的登记方法

总分类账根据一级会计科目设置，用以总括反映经济业务，其登记方法取决于账务处理程序，根据账务处理程序，可根据记账凭证直接登记，也可根据汇总记账凭证、科目汇总表登记。注意在摘栏里写明汇总的凭证编号或者汇总的期间。以下总账是根据科目汇总表进行登记。科目汇总表如表 3-16 所示。总分类账如表 3-17 所示。

表 3-16　科目汇总表

2019 年 8 月 31 日　　　　汇字第 1 号

会计科目	借方发生额	贷方发生额
库存现金	5,000.00	3,300.00
银行存款		
应收账款		
…		
合计		

会计主管：王五　　记账：陈七　　审核：王五　　制表：陈七

表 3-17　总分类账

会计科目：库存现金　　　　第×页

2019 年		凭证编号	摘要	借方	贷方	借或贷	余额
月	日						
8	1		期初余额			借	4,000.00
8	31	汇 1	汇总本月凭证	5,000.00	3,300.00	借	5,700.00

四、对账

对账指的是对账簿中的相关数据进行检查和核对，见图 3-15 所示。

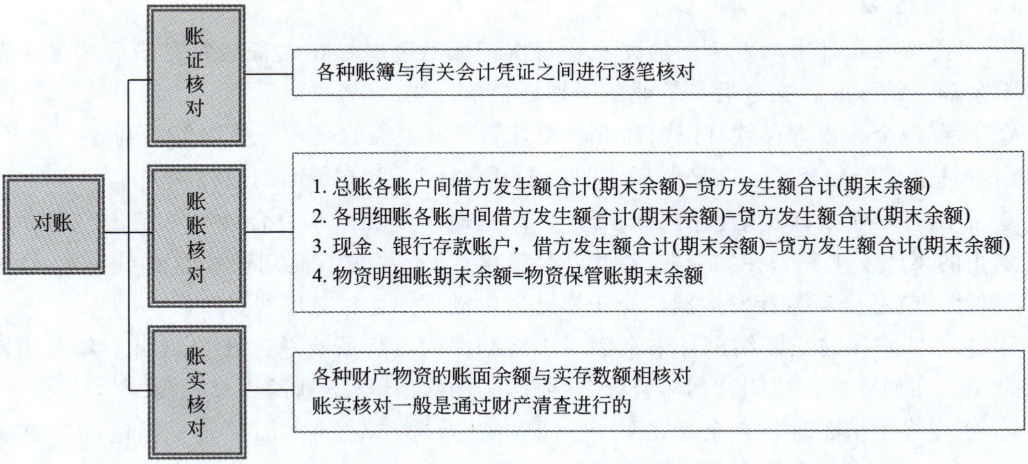

图 3-15　对账

五、结账

结账是指在一定会计期间（月结、季结、年结）将本期内所有发生的经济业务全部登记入账以后，计算出本期发生额及期末余额，同时将余额结转下期或新账的过程。

1. 结账步骤

① 将本期发生的经济业务事项全部登记入账，并保证其正确性。

② 结出每个账户的期末余额。

③ 进行资产、负债和所有者权益科目本期发生额和期末余额的试算平衡，编制试算平衡表。

在借贷记账法，试算平衡的基本公式是：

全部账户的借方期初余额合计数＝全部账户的贷方期初余额合计数

全部账户的借方发生额合计＝全部账户的贷方发生额合计

全部账户的借方期末余额合计数＝全部账户的贷方期末余额合计数

试算平衡表如表 3-18 所示。

表 3-18　试算平衡表

2019 年 8 月 31 日

会计科目	期初余额		本期发生额		期末余额	
	借方	贷方	借方	贷方	借方	贷方
库存现金						
银行存款						
应收账款						
…						
合计						

会计主管：王五　　　　审核：王五　　　　制表：陈七

④ 年度终了，把各账户的余额结转下期或结转到新账。

2. 结账方法

① 不需按月结计本期发生额的账户，每次记账后随时结出余额，每月最后一笔余额即为月末余额。结账时，在最后一笔业务下划通栏单红线。

② 库存现金、银行存款日记账和需要按月结计发生额的收入、费用等明细账，结账时，要结出本月发生额和余额，在摘要栏注明“本月合计”，并在下面划通栏单红线。

③ 需结计本年累计发生额的明细账户，结账时，应在“本月合计”下结出自年初起至本月末止的累计发生额，在摘要栏注明“本年累计”，并在下面划通栏单红线。12 月末的“本年累计”就是全年累计发生额，全年累计发生额下划通栏双红线。

④ 总账账户平时只需结出月末余额。年终结账时，将所有总账账户结出全年发生额和年末余额，在摘要栏内注明“本年合计”字样，并在合计数下划通栏双红线。

⑤ 年度终了结账时，有余额的账户，要将其余额结转下年，在摘要栏注明“结转下年”；在下一年度新建账户的第一行余额栏内填写上年结转的余额，并在摘要栏注明“上年结转”。

库存现金日记账如表 3-19 所示。

表 3-19　库存现金日记账

第×页

2019 年		凭证编号	摘要	对方科目	借方	贷方	余额
月	日						
12	1		期初余额				4,000.00
	4	记 1	提取备用金	银行存款	5,000.00		9,000.00
	9	记 8	购买墨盒	管理费用		300.00	8700.00
	15	记 20	预支差旅费	其他应收款		3,000.00	5,700.00
12	31		本月合计		5,000.00	3,300.00	5,700.00
12	31		本年累计		5,000.00	3,300.00	5,700.00
			结转下年				5,700.00

第四篇　综合实训篇

一、实训目标

在初步掌握出纳岗位、会计岗位基本技能的基础上，通过认识财务岗位单据与票据、填制和审核原始凭证与记账凭证，根据审核无误的会计凭证登记会计账簿，登记科目汇总表，进行账簿内容调整、结账与错账更正，编制会计报表等各项工作，让学生加深对会计专业的认识，激发学生的兴趣，初步掌握会计基本技能，为日后的课程学习奠定基础。

二、实训内容

根据丰源电子公司 2019 年 5 月发生的交易或事项，填制原始凭证、编制记账凭证、编制科目汇总表，建账、登账，编制资产负债表、利润表，编制银行存款余额调节表。

三、实训组织工作要求

① 企业记账方法采用借贷记账法，账务处理程序采用科目汇总表账务处理程序。

② 企业依据复式记账法要求，按通用记账凭证表编制记账凭证。凭证编号按月编号，号数从 01 号开始。

③ 企业依据相关法律制度的规定，开始三栏式总分类账，三栏式、数量金额式和多栏式明细账和序时账账簿。

④ 企业按照会计准则要求与规定编制资产负债表与利润表。

四、实训用具

① 通用记账凭证；

② 科目汇总表；

③ 账簿起始页；

④（三栏式）明细账；

⑤ 多栏式明细账；

⑥ 序时账；

⑦（三栏式）总账；

⑧ 会计凭证封面；

⑨ 资产负债表；

⑩ 利润表；

⑪ 大铁夹；

⑫ 胶水；

⑬ 捆扎绳；

⑭ 打孔机。

五、实训练习资料

公司仿真业务资料

① 1 日，支付广告费。

② 3 日，李强参加展销会借款 4000 元。

③ 5 日，缴纳上个月未交增值税 35765.60 元，城建税 2503.59 元，教育费附加 1072.97 元。

④ 5 日，提取备用金 5000 元

⑤ 6 日，王一鸣报销餐费 602 元。

⑥ 7 日，电汇，归还上月欠款美林公司 52650 元。

⑦ 8 日，向长江公司销售甲产品 1500 件，每件单价 160 元；乙产品 700 件，每件单价 150 元。

⑧ 9 日，李强报销差旅费用 3519.7 元。

⑨ 10 日，向南海公司采购 A 材料 2500 千克，单价 40 元，价款 100000.00 元，增值税税额 13000.00 元；B 材料 1860 千克，单价 20 元，价款 37200.00 元，增值税税额 4836.00 元，运杂费 3484.00 元已由南海公司垫付，材料未入库，款项已办妥托收手续。

⑩ 11 日，10 日购买的材料运到，已验收入库。运杂费按重量分配。

⑪ 12 日，购入 Y0G 设备一台，买价 27590.00 元，增值税 3586.70 元，款已付。

⑫ 15 日，提现金 390000 元备发工资。

⑬ 16 日，采购办公用品 422.30 元，款未付。

⑭ 18 日，支付电费 86784 元。

⑮ 20 日，车间采购打印纸 15 箱，单价 120 元；签字笔 2 盒，单价 15 元；橡皮擦 20 块，单价 0.35 元。

⑯ 21 日，向淮海公司销售 B 材料 1300 千克，单价 30 元，货款暂未收到。

⑰ 21 日，支付上月借款利息 480 元。

⑱ 23 日，光华公司倒闭，货款 4680 元无法收回，计提坏账。

⑲ 28 日，销售给长江公司甲产品 3380 件，每件单价 155 元，货款暂未收到。

⑳ 31 日，结转发出材料成本。

㉑ 31 日，分配本月电费。

㉒ 31 日，分配本月工资费用。

㉓ 31 日，计提本月折旧费。

㉔ 31 日，经核准，上月行政管理部门的固定资产折旧费记为 3225.50 元，实际应计提折旧费为 2325.50 元，采取最佳方法予以更正。

㉕ 31 日，按生产工时分配制造费用，生产甲产品耗用 50000 小时，生产乙产品耗用 40000 小时。

㉖ 31 日，结转完工产品成本，无在产品。

㉗ 31 日，结转已销售产品成本

㉘ 31 日，计算本月应交城市维护建设税和教育费附加。

㉙ 31 日，应交增值税计算，并结转未交增值税。

㉚ 31 日，结转损益类账户。

㉛ 31 日，计提本月应交所得税。

㉜ 31 日，结转本年利润。

㉝ 31 日，利润分配账户的内部结转。

㉞ 31 日，编制银行存款余额调节表。

实训资料

1. 要求

根据丰源电子公司有关会计资料及其 2019 年 5 月的经济业务，运用通用记账凭证核算。

① 会计核算中的单据签章使用预留银行印鉴（财务专用章和法人章）、发票专用章，出纳员、会计员、审核人按指定的授权人名签名。

② 对于自制原始单据的“收款”处签出纳员名，其“填票人”处签会计员名，除此之外，自制的原始单据须签名或盖章处均视为已签章。

③ 采购和销售业务的单价均为不含税价格。

④ 单位成本计算保留两位小数，分配率计算保留四位小数。

2. 企业情况

丰源电子公司法人代表：王一鸣；会计主管：王小明；会计员：张华，出纳员：刘红，身份证号码：440111198608060034，发证机关：海珠区公安分局。纳税人识别号：440100987654321，基本存款账户的开户银行为工商银行广场支行，账号 66366636，地址为红星路 518 号，邮编 510065，联系电话 020-83565661。

长江公司纳税人识别号：465789003，基本存款账户的开户银行为工商银行下埔支行，账号 244778834，地址为长江路 8 号。

淮海公司纳税人识别号：696778509，基本存款账户的开户银行为建设银行滨江支行，账号 123456789，地址为人民路 126 号。

美林公司纳税人识别号：236547782，基本存款账户的开户银行为建设银行福德支行，账号 333444668，地址为福德路 10 号。

3. 会计政策和核算方法

① 企业经国家税务总局广州市税务局认定为一般纳税人。

② 存货采用实际成本核算，发出存货采用月末一次平均法计价，并采取倒挤法计算。

③ 产品成本按品种法计算。该企业有一个基本生产车间，生产甲、乙两种产品。生产用材料全部外购，直接人工和制造费用按产品生产工时比例分配。月末无在产品。

④ 固定资产折旧方法采用年限平均法，按月分类计提折旧。

⑤ 增值税税率 13%，10%，3%，城市维护建设税税率 7%，教育费附加费率 3%，企业所得税税率 25%（企业所得税实行查账计征，按季预缴、年终汇算清缴）。

4. 2019年5月1日有关账户余额

科目代码	科目名称	科目类型	账页格式	月初余额	
				方向	金额
1001	库存现金	资产	金额式	借	6758.45
1002	银行存款	资产	金额式	借	2184817.67
100201	工行存款	资产	金额式	借	2184817.67
1221	其他应收款	资产	金额式	借	
122101	差旅费借款	资产	金额式	借	
1231	坏账准备	资产	金额式	贷	9865.00
1402	在途物资	资产	金额式	借	
140201	长江公司	资产	金额式	借	
140202	美林公司	资产	金额式	借	
140203	淮海公司	资产	金额式	借	
1403	原材料	资产	金额式	借	459214.00
140301	A材料	资产	数量金额式	借	270000.00 45，6000千克
140302	B材料	资产	数量金额式	借	189214.00 22.25，8504千克
1405	库存商品	资产	金额式	借	374600.00
140501	甲产品	资产	数量金额式	借	264600.00 147.00，1800件
140502	乙产品	资产	数量金额式	借	110000.00 125.00，880件
1601	固定资产	资产	金额式	借	3526200.00
160101	车间生产用	资产	金额式	借	2254600.00
160102	车间办公用	资产	金额式	借	806500.00
160103	行政办公用	资产	金额式	借	465100.00
1602	累计折旧	资产	金额式	贷	1115732.96
2201	短期借款	负债	金额式	贷	120000.00
2202	应付账款	负债	金额式	贷	52650.00
2203	应付票据	负债	金额式	贷	29000.00
2221	应交税费	负债	金额式	贷	39342.16
222101	未交增值税	负债	金额式	贷	35765.60
222102	应交增值税	负债	金额式	贷	
22210201	进项税额	负债	金额式	贷	
22210202	销项税额	负债	金额式	贷	
222103	应交所得税	负债	金额式	贷	
222104	应交城建税	负债	金额式	贷	2503.59

续表

科目代码	科目名称	科目类型	账页格式	月初余额	
				方向	金额
222105	应交教育费附加	负债	金额式	贷	1072.97
2301	应付职工薪酬	负债	金额式	贷	
4001	实收资本	权益	金额式	贷	5000000.00
4101	盈余公积	权益	金额式	贷	60000.00
4103	本年利润	权益	金额式	贷	
4104	利润分配	权益	金额式	贷	125000.00
410401	未分配利润	权益	金额式	贷	125000.00
5001	生产成本	成本	金额式	借	
500101	甲产品	成本	金额式	借	
500102	乙产品	成本	金额式	借	
5002	制造费用	成本	金额式	借	
6001	主营业务收入	损益	金额式	贷	
600101	甲产品	损益	数量金额式	贷	
600102	乙产品	损益	数量金额式	贷	
6101	其他业务收入	损益	金额式	贷	
6301	税金及附加	损益	金额式	借	
6401	主营业务成本	损益	金额式	借	
640101	甲产品	损益	数量金额式	借	
640102	乙产品	损益	数量金额式	借	
6501	其他业务成本	损益	金额式	借	
6602	管理费用	损益	金额式	借	
6603	销售费用	损益	金额式	借	
6604	财务费用	损益	金额式	借	
6605	所得税费用	损益	金额式	借	

短期借款期初余额

日期	贷款账户	摘要	金额
2019-4-1	工商银行广场支行 66366636	三个月期限借款	120000.00

应付账款期初余额

日期	供应商	摘要	金额
2019-4-30	美林公司	购货欠款	52650.00

应付票据期初余额

日期	供应商	摘要	金额
2019-3-20	长江公司	以 2 个月期限的商业汇票付货款	29000.00

实训练习

1-1

44012053465 **广东增值税普通发票** （广东 国家税务总局监制）

No 80140553

开票日期：2019年5月1日

购货单位	名　　称：丰源电子公司 纳税人识别号：440100987654321 地 址 、电 话：红星路518号　02083565661 开户行及账号：工商银行广场支行　66366636				密码区	（略）	
货物或应税劳务名称	规格型号	单位	数量	单价	金　额	税率	税　　额
广告费					6400.00	3%	192.00
合　计					￥6400.00		￥192.00
价税合计（大写）	⊗陆仟伍佰玖拾贰圆整　　（小写）￥6592.00						
销货单位	名　　称：三英广告公司 纳税人识别号：440120444333556 地 址 、电 话：广州市海珠区东晓路12号　02036785483 开户行及账号：中国工商银行广州下川支行　120221980				备注	三英广告公司 9130125617755005 发票专用章	

第二联　发票联　购货方记账凭证

收款人：刘枚　　复核：　　开票人：袁霞　　销货单位：（章）

1-2

中国工商银行支票存根（粤）	中国工商银行支票（粤）　　GS 4021
附加信息 ______ ______ 出票日期　年　月　日 收款人： 金　额： 用　途： 单位主管　会计	出票日期（大写）　年　月　日　　付款行名称： 收款人：　　出票人账号： 人民币（大写）　千 百 十 万 千 百 十 元 角 分 本支票付款期限十天 用途______ 上列款项请从 我账户内支付 出票人签章 复核　　记账

附加信息：	被背书人
身份证件名称：　　　　　发证机关：	背书人签章 年　月　日
号码	

（贴粘单处）

2-1

借　支　单

2019 年 5 月 3 日

借款人姓名	李强	借款金额　零万肆仟零佰零拾零元零角零分	
借款事由	参加北京的产品展销会	主管审批意见	同意。 王一鸣 2019 年 5 月 3 日
还款计划	返回单位后 3 天内报销 现金付讫		批准金额： ¥4 000.00

签收：李强

3-1

支行名称：工商银行广场支行　　　　网点号：440680205

广州电子缴税系统回单

扣款日期：2019.05.05

清算日期：2019.05.05

付款人名称：丰源电子公司

付款人账号：66366636

付款人开户银行：工商银行广场支行

中国工商银行股份有限公司
广州市广场支行
2019.05.05
转讫

收款人名称：国家税务总局广州市税务局

收款人账号：4402001011001454035

收款人开户银行：国家金库广州支库

款项内容：代扣（国税）税款　　　　电子税票号：62300067857

小写金额：¥35765.60

大写金额：叁万伍仟柒佰陆拾伍元陆角整

纳税人识别号：440100987654321

纳税人名称：丰源电子公司

税种	所属期	纳税金额	备注
增值税	20190401—20190430	¥35 765.60	

经办：　　复核：　　打印次数：1　　打印日期：2019.05.05

3-2

支行名称：工商银行广场支行　　　　网点号：440680205

广州电子缴税系统回单

扣款日期：2019.05.05
清算日期：2019.05.05

付款人名称：丰源电子公司
付款人账号：66366636
付款人开户银行：工商银行广场支行

中国工商银行股份有限公司
广州市广场支行
2019.05.05
转讫

收款人名称：国家税务总局广州市税务局
收款人账号：4402001011001883132
收款人开户银行：国家金库广州支库

款项内容：代扣　　税款　　　　电子税票号：98300066328
小写金额：￥3576.56
大写金额：叁仟伍佰柒拾陆元伍角陆分
纳税人编码：440100987654321
纳税人名称：丰源电子公司

税种	所属期	纳税金额	备注
城建税	20190401—20190430	￥2 503.59	
教育费附加	20190401—20190430	￥1 072.97	

经办：　　复核：　　打印次数：1　　打印日期：2019.05.05

4-1

中国工商银行支票存根（粤）
附加信息
出票日期　年　月　日
收款人：
金　额：
用　途：
单位主管　　会计

本支票付款期限十天

中国工商银行支票（粤）　　GS 4022
出票日期（大写）　年　月　日　　付款行名称：
收款人：　　出票人账号：

人民币（大写）	千	百	十	万	千	百	十	元	角	分

用途
上列款项请从
我账户内支付
出票人签章
复核　　记账

（支票背面）

附加信息：
被背书人
背书人签章
年　月　日
身份证件名称：　　发证机关：
号码

（贴粘单处）

5-1

支 出 凭 单

附件 3 张　　　　2019 年 5 月 6 日　　　　第 1 号

支出项目	金额						
	万	千	百	十	元	角	分
王一鸣报销餐费			6	1	8	0	0
现金付讫							
小　计		¥	6	1	8	0	0
合计(大写)零万 零 仟 陆 佰 零 拾 贰 元 零 角 零 分							

会计主管　王小明　　　出纳　刘 红　　　会计　张 华　　　收款人 王一鸣

5-2

440568555　　　　**广东增值税普通发票**

广东 国家税务总局监制

No　8018514

开票日期：2019 年 5 月 6 日

购货单位	名　　称：丰源电子公司 纳税人识别号：440100987654321 地 址 、电 话：红星路 518 号　02083565661 开户行及账号：工商银行广场支行　66366636	密码区	（略）				
货物或应税劳务名称	**规格型号**	**单位**	**数量**	**单价**	**金　额**	**税率**	**税　额**
餐费					600.00	3%	18.00
合　计					¥600.00		¥18.00
价税合计(大写)	⊗陆佰壹拾捌圆整　　（小写）¥618.00						
销货单位	名　　称：云客来餐饮公司 纳税人识别号：448520741963851 地 址 、电 话：红旗路 520 号　0208520741 开户行及账号：工商银行红旗广场支行　666666666	备注	云客来餐饮公司 448520741963851 发票专用章				

第二联：发票联　购货方记账凭证

收款人：刘娥　　　复核：　　　开票人：何兴　　　销货单位：(章)

6-1

电汇凭证（回单）　　1 No 006890

委托日期　　年　月　日　　　　第　号

付款人	全称				收款人	全称				
	账号或住址					账号或住址				
	汇出地点		汇出行名称			汇入地点		汇入行名称		
金额	人民币（大写）					千 百 十 万 千 百 十 元 角 分				
汇款用途：										
上列款项已根据委托办理，如需查询，请持此回单来行面谈						（交银行后视为已盖章）				

此联汇出行给汇款人的回单

7-1

4400058633　　**广东增值税专用发票**

此联不作报销、扣税凭证使用　　No 80140535

开票日期：

购货单位	名　　称： 纳税人识别号： 地 址 、电 话： 开户行及账号：				密码区	（略）	
货物或应税劳务名称	规格型号	单位	数量	单价	金　额	税率	税　额
合　计							
价税合计（大写）					（小写）		
销货单位	名　　称： 纳税人识别号： 地 址 、电 话： 开户行及账号：				备注		

收款人：　　复核：　　开票人：　　销货单位：（章）

第一联：记账联　销货方记账凭证

7-2

中国工商银行支票(粤)　　　　XIV 8032

出票日期(大写) 贰零壹玖 年 伍 月 零捌 日　　　　付款行名称:工商银行下埔支行

收款人:丰源电子公司　　　　出票人账号:244778834

人民币（大写）	叁拾捌万玖仟捌佰伍拾元整	亿	千	百	十	万	千	百	十	元	角	分
				¥	3	8	9	8	5	0	0	0

用途　货款

上列款项请从

我账户内支付

出票人签章

长江公司财务专用章

邓方

复核　　　　记账

（支票背面）

附加信息：	被背书人
身份证件名称：　　　　发证机关：	背书人签章
号码	年　月　日

7-3

银行进账单（回单）　　　　1　**YT 31979903**

年　月　日

出票人	全称		收款人	全称	
	账号			账号	
	开户银行			开户银行	

金额	人民币（大写）	亿	千	百	十	万	千	百	十	元	角	分

票据种类		票据张数		
票据号码				
复核　　记账				（交银行后视为已盖章） 开户银行盖章

此联是开户银行交给持(出)票人的回单

8-1

报　销　单

报销部门：销售二部　　　　2019 年 5 月 9 日　　　　单据及附件共计 21 页

用　途	金　额	部门领导签批	同意。 章啱 2019 年 5 月 9 日
1. 车船费(火车票、汽车、飞机票等)	￥2185		
2. 交通费(市内)(1 人 5 天)	￥59.7	公司领导签批	同意报销。 王一鸣 2019 年 5 月 9 日
3. 房租费(1 人 5 天)	￥1100		
4. 补助费(每天 35 元)	￥175		
5. 杂支			
6. 房租奖励补贴（　人　天）			
合　计	￥3519.7		
金额(大写)　　拾　万　仟　佰　拾　元　角　分		原借款 4000 元	应退余额：480.3 元

会计主管 王小明　　会计 张华　　出纳 刘红　　报销人 李强　　领款人 李强

8-2

收　　据

年　月　日　　　　NO 023485

今收到＿＿＿＿＿＿＿＿＿＿＿＿＿＿＿＿＿＿＿＿
＿＿＿＿＿＿＿＿＿＿＿＿＿＿＿＿＿＿＿＿＿＿＿＿
金额(大写)　拾　万　仟　佰　拾　元　角　分(￥　　　　)
单位盖章　丰源电子公司 收款专用章　　　　经手人签章

负责人　　　　出纳　　　　记账

9-1

4400078516　　**广东增值税专用发票**　（全国统一发票监制章）

抵　扣　联　　　　**NO　23478591**

开票日期：2019 年 05 月 10 日

购货单位	名　　称：丰源电子公司 纳税人识别号：440100987654321 地 址 、电 话：广州市红星路 518 号，02083565661 开户行及账号：工商银行广场支行，66366636					密码区	(略)
货物或应税劳务名称	规格型号	单位	数量	单价	金　额	税率	税　额
A 材料		千克	2500	40	100000.00	13%	13000.00
B 材料		千克	1860	20	37200.00	13%	4836.00
合　计					￥137200.00		￥17836.00
价税合计(大写)	⊗壹拾伍万伍仟零佰叁拾陆圆整				(小写)￥155036.00		
销货单位	名　　称：南海公司 纳税人识别号：44500008772156P 地 址 、电 话：三亚市海河路 8 号　089869874890 开户行及账号：中国银行海河路办事处　4634603					备注	南海公司 44500008772156P 发票专用章

第二联：抵扣联　购货方抵扣税款

收款人：　　复核：华明　　开票人：王春花　　销货单位：

9-2

4400078516　　　　**广东增值税专用发票**

抵　扣　联

NO　23478591

开票日期：2019 年 05 月 10 日

购货单位	名　　　称：丰源电子公司 纳税人识别号：440100987654321 地 址 、电 话：广州市红星路 518 号，02083565661 开户行及账号：工商银行广场支行，66366636					密码区	（略）	
货物或应税劳务名称	规格型号	单位	数量	单价	金　额	税率	税　额	
A 材料		千克	2500	40	100000.00	13%	13000.00	
B 材料		千克	1860	20	37200.00	13%	4836.00	
合　计					￥137200.00		￥17836.00	
价税合计（大写）	⊗壹拾伍万伍仟零佰叁拾陆圆整				（小写）￥155036.00			
销货单位	名　　　称：南海公司 纳税人识别号：44500008772156P 地 址 、电 话：三亚市海河路 8 号　089869874890 开户行及账号：中国银行海河路办事处　4634603					备注	南海公司 44500008772156P 发票专用章	

第三联：发票联　购货方记账凭证

收款人：　　　　复核：华明　　　　开票人：王春花　　　　销货单位：

9-3

全国联运行业统一发票

联运公司地址：海河路 10 号　　　电话 32336678　　　邮编 210035　　　开票日期　2019 年 5 月 10 日

付款单位	丰源电子公司			联运费用		联运费用	
地　址	广州市中山路 8 号			项　目	金额	项　目	金额
电　话	83656561	委托书编号	G032	铁路运杂费		提送货费	
收货单位	丰源电子公司			公路运杂费	2100	装 卸 费	
发站（港）	到站（港）	经由	中转	水路运杂费	1384	装扣箱费	
货物名称	件数	计费重量		中转运杂费		仓 储 费	
				保 险 费		色包装管理费	
A 材料		2500 千克		吊 车 费		业 务 费	
				邮 寄 费		票 签 费	
B 材料		1860 千克					
				小　计	3484	小　计	
				全程包干费		全程包干费	
合计人民币（大写）	零 万 叁 仟 肆 佰 捌 拾 肆 元 零 角 零 分　￥ 3484.00						

（印章：三亚市运输有限公司　52010319049286X　发票专用章）

第二联：发票联

开票（加盖本单位发票专用章有效）：　　　　复核：胡成水　　　　收款：黄兰

9-4

托收凭证（付款通知）

5 NO：2301

委托日期 2019 年 5 月 10 日 付款期限 2019 年 5 月 13 日

业务类型	委托收款（○邮划、■电划） 托收承付（○邮划、○电划）				
付款人 全称	丰源电子公司		收款人 全称	南海公司	
付款人 账号	66366636		收款人 账号	4634603	
付款人 地址	广州市	开户行 工商银行广场支行	收款人 地址	三亚市	开户行 中行海河路办
金额 人民币（大写）	壹拾伍万捌仟伍佰贰拾元整		亿 千 百 十 万 千 百 十 元 角 分	¥ 1 5 8 5 2 0 0 0	
款项内容	购货款	托收凭据名称	购销合同 A101	附寄单证张数	3
商品发运情况	已发运		合同名称号码	A101	
备注： 付款人开户银行收到日期 2019 年 5 月 10 日 复核 记账	中国工商银行股份有限公司 广州市广场支行 2019.05.10 转讫 付款人开户行银行签章 2019 年 5 月 10 日		付款人注意： 1. 根据支付结算办法，上列委托收款（托收承付）款项在付款期限内未提出拒付，即视为同意付款，以此代付款通知。 2. 如需提出全部或部分拒付，应在规定期限内，将拒付理由书并附债务证明退交开户银行。		

此联是付款人开户银行给付款人按期付款通知

10-1

材料购进短缺溢余报告表

2019 年 5 月 11 日

品名	计量单位	应收数量	实收数量	短缺数量	溢余数量
B 材料	千克	1860	1855	5	
合 计		1860	1855	5	
供货单位：南海公司 供货单号：N903		短缺或溢余原因	运输途中损耗	处理意见	属合理损耗

主管：王小明　　复核：吴青青　　制表：朱美丽

10-2

材料采购成本计算表

年　月　日　　单位：元

材料名称	重量	买价	运杂费			实际采购成本	单位成本
			分配标准	分配率	金额		
合 计							

复核：略　　制表：略

10-3

收料单（财会联）　　　　**NO：201**

供货单位：　　　　　　　　　　　　　　　　　　　　年　月　日

材料名称及规格	单位	应收数量	金额	实收数量	金额

验收人：略　　　　　　　　　　保管员：略

10-4

收料单（财会联）　　　　**NO：202**

供货单位：　　　　　　　　　　　　　　　　　　　　年　月　日

材料名称及规格	单位	应收数量	金额	实收数量	金额

验收人：略　　　　　　　　　　保管员：略

11-1

4400071658　　　　**湖北增值税专用发票**

抵　扣　联

NO　2347463

开票日期：2019 年 05 月 12 日

购货单位	名　　　称：丰源电子公司 纳税人识别号：440100987654321 地 址 、电 话：广州市红星路 518 号，02083565661 开户行及账号：工商银行广场支行，66366636	密码区	（略）

货物或应税劳务名称	规格型号	单位	数量	单价	金　额	税率	税　　额
Y0G 设备		台	1	27590.00	27590.00	13%	3586.70
合　计					￥27590.00		￥3586.70
价税合计（大写）	⊗叁万壹仟壹佰柒拾陆圆柒角			（小写）￥31176.70			

销货单位	名　　　称：崇达数控设备公司 纳税人识别号：423000087745321 地 址 、电 话：武汉市宜兴路 13 号　87743232 开户行及账号：中国建设银行宜兴路支行　4401234	备注	崇达数控设备公司 423000087745321 财务专用章

第二联：抵扣联　购货方抵扣税款

收款人：　　　　复核：张兴　　　　开票人：贺小林　　　　销货单位：

11-2

4400071658

湖北增值税专用发票

发 票 联

NO 2347463

开票日期：2019 年 05 月 12 日

购货单位	名　　称：丰源电子公司 纳税人识别号：440100987654321 地 址 、电 话：广州市红星路 518 号，02083565661 开户行及账号：工商银行广场支行，66366636						密码区	（略）
货物或应税劳务名称	规格型号	单位	数量	单价	金　额	税率	税　额	
Y0G 设备		台	1	27590.00	27590.00	13%	3586.70	
合　计					￥27590.00		￥3586.70	
价税合计（大写）	⊗叁万壹仟壹佰柒拾陆圆柒角				（小写）￥31176.70			
销货单位	名　　称：崇达数控设备公司 纳税人识别号：423000087745321 地 址 、电 话：武汉市宜兴路 13 号　87743232 开户行及账号：中国建设银行宜兴路支行　4401234						备注	崇达数控设备公司 423000087745321 财务专用章

收款人：　　复核：张兴　　开票人：贺小林　　销货单位：

第二联：发票联购货方记账凭证

11-3

中国工商银行支票存根（粤）	中国工商银行支票（粤）　　GS 4023
附加信息	出票日期（大写）　　年　　月　　日　　付款行名称：
	收款人：　　出票人账号：
出票日期　　年　月　日	人民币（大写）
收款人：	
金　额：	
用　途：	用途
单位主管　　会计	上列款项请从 我账户内支付 出票人签章
	复核　　记账

千	百	十	万	千	百	十	元	角	分

（支票背面）

附加信息：	被背书人
身份证件名称：　　发证机关：	
号码	背书人签章 年　月　日

（贴粘单处）

12-1

中国工商银行支票存根（粤）	中国工商银行支票（粤）　GS 4024
附加信息 出票日期　年　月　日 收款人： 金　额： 用　途： 单位主管　会计	本支票付款期限十天 出票日期（大写）　年　月　日　付款行名称： 收款人：　出票人账号： 人民币（大写）　千 百 十 万 千 百 十 元 角 分 用途 上列款项请从 我账户内支付 出票人签章 复核　记账

（支票背面）

附加信息：	被背书人
身份证件名称：　发证机关： 号码	背书人签章 年　月　日

（贴粘单处）

12-2

丰源电子公司工资结算汇总表

2019年5月15日发放

姓名		计时工资	计件工资	奖　金	津贴	应发工资	实发工资
生产车间	生产工人	180000		80000	30000	290000	290000
	管理人员	36000		6000	5500	47500	47500
行政管理人员		65000		10000	7500	52500	52500
合　计		281000		96000	43000	390000	390000

13-1

440586665 　　广东增值税普通发票

NO 8098566

开票日期：2019 年 5 月 16 日

购货单位	名　　称：丰源电子公司 纳税人识别号：440100987654321 地 址 、电 话：广州市红星路 518 号，02083565661 开户行及账号：工商银行广场支行，66366636				密码区	（略）		
货物或应税劳务名称	规格型号	单位	数量	单价	金　额	税率	税　　额	
签字笔、笔记本等					410.00	3%	12.30	
合　计					￥410.00		￥12.30	
价税合计（大写）	⊗肆佰贰拾贰圆叁角			（小写）￥422.30				
销货单位	名　　称：丰甜商务公司 纳税人识别号：440195147536921 地 址 、电 话：红星路 58 号　02087419661 开户行及账号：工商银行红星支行　66666666				备注	丰甜商务公司 440195147536921 发票专用章		

收款人：何俄　　复核：　　开票人：肖兴　　销货单位：（章）

第二联：发票联　购货方记账凭证

14-1

4400071140 　　广东增值税专用发票

发　票　联

NO 4589012

开票日期：2019 年 05 月 17 日

购货单位	名　　称：丰源电子公司 纳税人识别号：440100987654321 地 址 、电 话：红星路 518 号　02083565661 开户行及账号：工商银行广场支行　66366636				密码区	（略）		
货物或应税劳务名称	规格型号	单位	数量	单价	金　额	税率	税　　额	
工业电		千瓦时	96000	0.80	76800	13%	9984.00	
合　计					￥76800.00		￥9984.00	
价税合计（大写）	⊗捌万陆仟柒佰捌拾肆圆整			（小写）￥86784.00				
销货单位	名　　称：南方电力集团公司 纳税人识别号：440103258136755 地 址 、电 话：广州市陵园路 74 号　84578256 开户行及账号：建行陵园路支行　678908001				备注	南方电力集团公司 440103258136755 发票专用章		

收款人：　　复核：华明　　开票人：王春花　　销货单位：

第三联：发票联　购货方记账凭证

14-2

4400071140　　　　　**广东增值税专用发票**

抵　扣　联

NO　4589012

开票日期：2019 年 05 月 17 日

购货单位	名　　　称：丰源电子公司 纳税人识别号：440100987654321 地 址 、电 话：红星路 518 号　02083565661 开户行及账号：工商银行广场支行　66366636	密码区	（略）

货物或应税劳务名称	规格型号	单位	数量	单价	金　额	税率	税　额
工业电		千瓦时	96000	0.80	76800	13%	9984.00
合　计					¥76800.00		¥9984.00
价税合计（大写）	⊗捌万陆仟柒佰捌拾肆圆整				（小写）¥86784.00		

销货单位	名　　　称：南方电力集团公司 纳税人识别号：440103258136755 地 址 、电 话：广州市陵园路 74 号　84578256 开户行及账号：建行陵园路支行　678908001	备注	南方电力集团公司 440103258136755 发票专用章

收款人：　　　　复核：华明　　　　开票人：王春花　　　　销货单位：

第二联：抵扣联　购货方抵扣税款

14-3

特种转账借方凭证

币别：人民币　　　　　　　　　　流水号：3672

付款人	全　称	丰源电子公司	收款人	全　称	南方电力集团公司
	账　号	66366636		账　号	678908001
	开户行	工商银行广场支行		开户行	建行陵园路支行
金额	（大写）捌万陆仟柒佰捌拾肆元整				¥86784.00
用途	代收电费		中国工商银行股份有限公司 广州市广场支行 2019.05.18 转讫 银行盖章		
备注：					

客户回单

15-1

440586665

广东增值税普通发票

No 22098706

开票日期：2019 年 5 月 16 日

购货单位	名　　称：丰源电子公司 纳税人识别号：440100987654321 地 址 、电 话：广州市红星路 518 号，02083565661 开户行及账号：工商银行广场支行，66366636	密码区	（略）

货物或应税劳务名称	规格型号	单位	数量	单价	金　额	税率	税　额
签字笔		盒	2	15.00	30.00	3%	0.90
打印纸		箱	15	120.00	1800.00	3%	54.00
橡皮擦		块	20	0.35	7.00	3%	0.21
合　计					¥1837.00		¥55.11
价税合计（大写）	⊗贰仟捌佰玖拾贰圆壹角壹分				（小写）¥1892.11		

销货单位	名　　称：大成公司 纳税人识别号：448884447654321 地 址 、电 话：广州市蓝星路 88 号，0208555222 开户行及账号：工商银行蓝星支行，6555556636	备注	大成公司 448884447654321 发票专用章

收款人：张献忠　　复核：　　开票人：崔勇　　销货单位：（章）

第二联：发票联　购货方记账凭证

16-1

4400058637

广东增值税专用发票

NO 80140547

此联不作报销、扣税凭证使用

开票日期：　　年　月　日

购货单位	名　　称： 纳税人识别号： 地 址 、电 话： 开户行及账号：	密码区	（略）

货物或应税劳务名称	规格型号	单位	数量	单价	金　额	税率	税　额
合　计							
价税合计（大写）					（小写）		

销货单位	名　　称： 纳税人识别号： 地 址 、电 话： 开户行及账号：	备注	

收款人：　　复核：　　开票人：　　销货单位：（章）

第一联　记账联　销货方记账凭证

17-1

中国建设银行（计算）利息清单

币别：人民币　　　　2019 年 5 月 21 日　　　　流水号：0689

户名：丰源电子公司			账号 66366636		
计息项目	起息日	结息日	本金/积数	利率	利息
贷款	20190421	20190520	120000.00	4.8%	￥480.00
合计(大写)	人民币肆佰捌拾零元整				
根据有关规定或双方约定，上列款项已直接扣划你单位66366636账户，你单位上述账户不足支付贷款利息的，请另筹资金支付。			中国工商银行股份有限公司 广州市广场支行 2019.05.21 转讫　银行签章		

会计主管　　授权　　复核 李霞　　录入 柳青

第二联 客户回单

18-1

坏账处理报告单

2019 年 5 月 23 日

单位名称	金　额	原　因
光华公司	4680.00	光华公司倒闭
单位领导意见：同意。王一鸣	财会部意见：同意。王小明	董事会或主管部门意见：同意。张云

19-1

4400058638　　**广东增值税专用发票**　　NO 80140548

此联不作报销、扣税凭证使用　　开票日期：　年　月　日

购货单位	名　称： 纳税人识别号： 地 址 、电 话： 开户行及账号：			密码区	（略）		
货物或应税劳务名称	规格型号	单位	数量	单价	金　额	税率	税　额
合　计							
价税合计(大写)				（小写）			
销货单位	名　称： 纳税人识别号： 地 址 、电 话： 开户行及账号：			备注			

收款人：　　复核：　　开票人：　　销货单位：（章）

第一联 记账联 销货方记账凭证

20-1

领　料　单（财会联）　　NO：301

用途：生产甲产品　　2019 年 5 月 5 日

材料名称及规格	计量单位	请领数量	实发数量	备注
A 材料	千克	3000	3000	

经手人：曾　平　　保管员：朱美丽

20-2

领　料　单（财会联）　　NO：302

用途：生产乙产品　　2019 年 5 月 5 日

材料名称及规格	计量单位	请领数量	实发数量	备注
A 材料	千克	2000	2000	

经手人：卢耀春　　保管员：朱美丽

20-3

领　料　单（财会联）　　NO：303

用途：生产甲产品　　2019 年 5 月 5 日

材料名称及规格	计量单位	请领数量	实发数量	备注
B 材料	千克	1500	1500	

经手人：曾　平　　保管员：朱美丽

20-4

领 料 单（财会联）　　NO：304

用途：生产乙产品　　2019 年 5 月 5 日

材料名称及规格	计量单位	请领数量	实发数量	备注
B 材料	千克	6000	6000	

经手人：卢耀春　　保管员：朱美丽

20-5

领　料　单（财会联）　　NO：305

用途：车间管理部门　　2019 年 5 月 15 日

材料名称及规格	计量单位	请领数量	实发数量	备注
A 材料	千克	200	200	

经手人：余　华　　保管员：朱美丽

20-6

领　料　单（财会联）　　NO：306

用途：生产甲产品　　2019 年 5 月 16 日

材料名称及规格	计量单位	请领数量	实发数量	备注
A 材料	千克	2000	2000	

经手人：曾　平　　保管员：朱美丽

20-7

领　料　单（财会联）

NO：307

用途：生产甲产品　　　　2019年5月16日

材料名称及规格	计量单位	请领数量	实发数量	备注
B材料	千克	1000	1000	

经手人：曾　平　　　　保管员：朱美丽

20-8

领　料　单（财会联）

NO：308

用途：销售　　　　2019年5月21日

材料名称及规格	计量单位	请领数量	实发数量	备注
B材料	千克	1300	1300	

经手人：梁伟强　　　　保管员：朱美丽

20-9

发出材料成本计算表

年　月　日

材料名称	期初结存		本期购进		期末结存		加权平均单价	本期发出	
	数量	金额	数量	金额	数量	金额		数量	金额
合计									

复核：略　　　　制表：略

20-10

发出材料汇总表

领料单　　号至　　号共　　张　　　　年　月　日

项　目	A材料		B材料		合计
	数量(千克)	金额(元)	数量(千克)	金额(元)	
生产甲产品					
生产乙产品					
车间管理部门领用					
销售					
小计					

复核：略　　　　制表：略

21-1

丰源电子公司电费分配表

2019年5月31日

项　目		用量(千瓦时)	分配率	金额(元)
生产动力用电	甲产品	43000		
	乙产品	39000		
车间照明用电		10000		
行政管理部门用电		4000		
合计		96000		

审核：略　　制单：略

22-1

丰源电子公司工资分配表

2019年5月31日

车间、部门		生产车间	行政管理部门	合计
生产工人	甲产品	160000		160000
	乙产品	130000		130000
车间管理人员		47500		47500
行政管理人员			52500	52500
合计		337500	52500	390000

审核：王小明　　制单：张华

23-1

丰源电子公司折旧计算表

年　月　日

车间、部门	生产设备(0.8%)		办公设备(0.5%)		合　计
	原值	折旧额	原值	折旧额	
生产车间					
行政管理部门					
合计					

审核：略　　制单：略

25-1

丰源电子公司制造费用分配表

年　月　日

产　品	生产工时	分配率	金额(元)
甲产品			
乙产品			
合计			

审核：(略)　　制单：略

26-1

成品入库单（财会联）　　NO：401

2019 年 5 月 15 日

成品名称规格	计量单位	入库数量	备注
甲产品	件	2100	

经手人：曾　平　　保管员：孙浩渊

26-2

成品入库单（财会联）　　NO：402

2019 年 5 月 15 日

成品名称规格	计量单位	入库数量	备注
乙产品	件	1850	

经手人：卢耀春　　保管员：孙浩渊

26-3

成品入库单（财会联）　　NO：403

2019 年 5 月 25 日

成品名称规格	计量单位	入库数量	备注
甲产品	件	1500	

经手人：曾　平　　保管员：孙浩渊

26-4

成品入库单（财会联）　　NO：404

2019 年 5 月 25 日

成品名称规格	计量单位	入库数量	备注
乙产品	件	1350	

经手人：卢耀春　　保管员：孙浩渊

26-5

完工产品成本汇总计算表

年　月　日

入库单　　号至　　号共　　张

成本项目	甲产品（　　件）	乙产品（　　件）	合计
直接材料			
直接人工			
制造费用			
其他费用			
总成本			

复核：略　　制表：略

27-1

成品出库单（财会联） NO：501

2019 年 5 月 8 日

成品名称规格	计量单位	出库数量	备注
甲产品	件	1500	

经手人：周 刚 保管员：孙浩渊

27-2

成品出库单（财会联） NO：502

2019 年 5 月 8 日

成品名称规格	计量单位	出库数量	备注
乙产品	件	700	

经手人：周 刚 保管员：孙浩渊

27-3

成品出库单（财会联） NO：503

2019 年 5 月 28 日

成品名称规格	计量单位	出库数量	备注
甲产品	件	3380	

经手人：周 刚 保管员：孙浩渊

27-4

已销产品生产成本计算表

年 月 日

出库单 号至 号共 张

产品名称	期初结存		本期完工入库		期末结存		加权平均单价	本期销售	
	数量	金额	数量	金额	数量	金额		数量	金额
甲产品									
乙产品									
合计									

复核：略 制表：略

28-1

税费计算表

年 月 日

税(费)种	计税基数	税(费)率	税(费)额
城市维护建设税			
教育费附加			
合计			

复核：略 制表：略

34-1

银行对账单

存款单位：丰源电子公司　　　　账号：66366636　　　　日期：2019.5.31

交易日期	凭证号码	摘要说明	发生额	余　额
…	…	…	…	2184817.67
20190518	3672	电费—支出	86784.00	2098033.67
20190520	002163	商业汇票—支出	29000.00	2069033.67
20190521	0689	借款利息—支出	480.00	2068553.67
20190529	003298	电汇—收入	115630.00	2184183.67
20190531	07091	转账支票—收入	612963.00	2797146.67

参 考 文 献

[1] 凌辉贤，翁志东，梁洁. 出纳实务从入门到精通 [M]. 北京：清华大学出版社，2013.

[2] 雷智翔. 出纳就这么容易——全彩图解版 [M]. 北京：金城出版社，2019.

[3] 朱延涛. 新手出纳 10 天入门手册 [M]. 北京：经济管理出版社，2016.

[4] 北京铨瑞会计师事务所. 即学即用！菜鸟学出纳：图解案例版 [M]. 北京：中国铁道出版社有限公司，2019.

[5] 李国富，熊小庆，陆旭冉. 会计基础实训教程 [M]. 北京：人民邮电出版社，2015.

[6] 人民币防伪特征. 中国人民银行 [EB/OL]. http：//www. pbc. gov. cn/huobijinyinju/147948/147954/148021/index. html，2019-08-07.

[7] 发票常识. 国家税务总局全国增值税发票查验平台 [EB/OL]. https：//inv-veri. chinatax. gov. cn/fpcs/fpbs. html，2019-09-21

[8] 王娟，祁金祥. 会计基本技能训练. 第 2 版. 北京：清华大学出版社，2018.

[9] 徐俊. 模拟公司财务会计实训. 第 2 版. 北京：高等教育出版社，2012.

[10] 高翠莲. 出纳业务操作. 第 3 版. 北京：高等教育出版社，2017.

[11] 罗伟. 全图解！真账实操教你学出纳. 北京：中国铁道出版社，2018.

[12] 会计从业资格无纸化考试辅导教材编写组. 会计基础 [M]. 北京：中国财政经济出版社，2013.

[13] 方燕平. 会计基本技能训练教程 [M]. 北京：首都经济贸易大学出版社，2016.

[14] 邵珍珍. 会计基本技能实训指导 [M]. 北京：经济管理出版社，2015.

[15] 丁增稳. 基础会计模拟实训 [M]. 大连：东北财经大学出版社，2017.

[16] 王娟，祁金祥. 会计基本技能训练第 2 版. 北京：清华大学出版社，2018.